KB065412

공부도 인생도

국어에 답 있다

일러두기

1 이 책의 많은 자료는 인터넷 개인 블로그, 국립국어원 말뭉치 자료, 네이버 뉴스라이브러리, 한국사 데이터베이스 등 온라인 자료를 참조 활용하였다. 특히 인터넷 개인 블로그의 언어 자료를 적극 활용한 것은 대중의 말하기, 글쓰기 실태를 잘 보여 준다는 판단에 따른 것이다.

2 이 책에는 필자가 기존에 쓴 글이나 자료가 일부 포함되어 있다. 한국일보의 '우리말 톺아보기'(2016년), 조선일보 '맛있는 논술'(2001년) 등의 연재물을 일부 수정하여 게재하거나, 필자가 저술자로 참여한 『어문 규범 준수 실태 조사(Ⅳ)』(2003, 국립국어연구원), 『국어 교과서의 문장 실태 연구』(2003, 국립국어연구원), 『국정 연설문의 실태 분석』(2003, 국립국어연구원) 등의 예시 자료를 일부 활용하였다.

3 이 책에서 활용한 사전은 국립국어원의 2017년 인터넷판 『표준국어대사전』이며, 편의상 사전 이름을 밝히지 않고 '국어사전' 혹은 '사전'이라고 한 것은 모두 이 사전을 가리킨다.

4 이 책에서 '-'와 '~'은 구별하여 사용하였다. '-'는 그 자리에 어떤 말이 와야 하는 형태소임을 나타내며, '~'은 단순히 어떤 말이 생략되었음을 나타낸다.

올바른 맞춤법을 사용하고 어법에 맞게 말한다면
인생의 많은 부분이 달라질 수 있다

공부도 인생도

국어에 답 있다

허철구 교수의 국어 에세이

알투스

국어를 잘하면
어느 분야에서나 자기 몫을 해낸다

영화 '컨택트'는 외계인과 지구인의 만남에 관한 이야기다. 어느 날 외계인들이 열두 개의 비행물체를 타고 지구에 온다. 지구인들이 그들과 제대로 소통하지 못하면 위험한 전쟁을 피할 수 없는 상황, 그 위기의 순간에서 유일한 소통 수단은 바로 '언어'이다.

이 영화에서처럼 언어는 '낯설고 다른 세계로 들어가는 문'이다. 꼭 외계가 아니더라도 일상생활에서 우리는 늘 언어를 통하여 세상과 소통한다. 그래서 흔히 언어를 소통의 수단이라고 한다. 영화에서처럼 지구의 운명을 결정하는 정도는 아니더라도 사람 간의 원활한 소통을 위해서도 바르고 정확한 말이 필요하다.

미국의 제16대 대통령 에이브러햄 링컨은 이와 같은 언어의 중요성을 잘 이해한 사람으로 유명하다. 가난한 집에서 태어났지만 그는 어릴 적부터 독서광이었다. 독서 습관을 통해 자연스레 말의 가치를 깨달았고 이 깨달음은 그가 평생 말로써 사람의 마음을 움직이고 위대한 업적을 이루는 데 큰 자산이 되었다.

링컨의 사례처럼 훌륭한 삶을 위해서는 말을 소중히 여겨야 한다. 바른 말과 글을 쓰는 습관은 나의 삶을 더 가치 있게 만들어 준다. 더욱이 언어는 나를 비추는 거울이다. 말이 아름다우면 말하는 나의 모습도 아름답다. 반대로 말이 거칠면 나의 모습도 거칠어 보인다. 자신을 소중하게 여긴다면 누구나 말과 글에 정성을 다하지 않을 수 없다.

어느 백화점의 옥상 휴게실의 안내문 하나. '쓰레기는 쓰레기통에'라는 문구 옆 괄호 속에 이런 말이 덧붙어 있었다.

'환경 팀 여사님들이 힘들어 하십니다.'

누군가를 배려하는 이 평범한 한마디에서 나는 문득 말의 아름다움을 느꼈다. 꼭 이 문구 때문인지는 모르겠지만, 휴게실 주위는 깨끗했다. 따뜻한 말 한마디의 힘일 것이다. 사람이 어울려 살아가는 데 말만큼 중요한 것도 없다. 말 한마디에 상처를 받기도 하고, 위로를 받기도 한다. 말이 아름다운 세상은 얼마나 행복할까.

우리는 국어를 통하여 더 성장할 수 있다. 중고등학교 교사들은 국어 성적이 좋은 학생이 다른 과목 성적도 좋다고도 말한다. 사고력은 말에서 나오기 때문이다. 말로써 생각을 표현하고 이해하는 과정에서 사고의 힘이 자란다. 생각해 보면 맞춤법 하나에도, 문장 하나에도 논리가 숨어 있다. '몇일'은 왜 잘못된 표기인지, '첫 방문했습니다'가 왜 이상한 표현인지 묻고 따져 본다면 생각의 힘도 커질 것이다.

물론 갑자기 국어를 잘할 수는 없다. 그러나 관심만 갖는다면 달라질 수 있다. 관심을 가지면 사랑하는 마음이 생기고, 사랑하면 더 잘알게 된다. 애정을 갖고 국어를 들여다보자. 그곳에 나의 삶이 있고, 인생의 답이 있다.

바른 말을 사용하는 사람, 상황에 맞고 적절한 표현을 사용하는 사람이 인생에 실패를 하는 경우를 보지 못했다. 어느 자리에서나 인정받고 어느 분야에서나 자기 몫을 제대로 해내기 때문이다.

이 책의 내용은 어법, 맞춤법, 한글, 문장 등에 걸쳐 일상에서 흔히만나는 국어 사용의 예를 소재로 구성하였다. 그래서 각각의 글은 독립적이면서 짧은 내용으로 되어 있다. 독자로서는 시간 날 때마다 한두 가지씩 나누어 읽어도 될 것이다.

돌이켜보면 삶에서 후회되는 대부분의 일은 말과 글로써 기인한 것들이다. 조심하지 못하고 입 밖에 낸 말에 잠을 이루지 못하기도 한다. 일상의 말하기, 글쓰기를 한번쯤 돌아보자. 남을 배려하는 말을 하는지, 어법에 맞게 말하는지, 올바른 맞춤법과 표준어로 언어생활을 하는지, 아름다운 우리말을 찾아 쓰는지, 문장은 문법에 맞게 쓰는지 등 나의 말과 글을 찬찬히 살펴보자. 이 작은 관심 하나가 하루하루를 더 행복하게 만들어 줄 것이다.

2018년 6월
허철구

차례

여는 말 국어를 잘하면 어느 분야에서나 자기 몫을 해낸다 • 4

1장
말이
곧
사람이다

바른 말에 담긴 마음

어느 노감독의 불편한 마음 • 17

어린이 고객은 어린이다 • 19

고추도 태양이 도와줘서 말리는 건데 • 21

용어 속에 담긴 가치 • 24

언어적으로 생각해 보는 동성애 • 26

여고생은 있고 남고생은 없다 • 28

아내는 집사람일까 아닐까 • 30

'~지 말자요'를 대하는 마음 • 32

그 방은 '사장님실'이 아니라 '사장실'이다 • 34

국회의원 ○○○입니다 • 36

커피 나오셨습니다 • 38

넘치는 말 '손님분' • 41

좋은 호칭을 찾으려는 아름다운 노력 • 43

청소년끼리는 밝고 가벼운 반말이 어떨까 • 45

75초에 한 번꼴로 욕하는 청소년들 • 47

걸음은 조용조용, 말씀은 가만가만 • 50

지하철 기관사들의 위로의 말 • 52

더 좋은 위로의 말 찾기 • 54

혐오 발언이 없는 대한민국을 꿈꾸며 • 56

두 명의 17세 소년 • 58

더 보탤 것도 뺄 것도 없이 • 60

즐겁게 보내시길 바랍니당~ • 62

어느 마을의 시화전 • 64

세상에서 가장 고운 말 • 66

인터넷 시대에 돌아보는 속담 • 68

막말의 사회를 돌아보며 • 70

접두사 '처-'의 시대 • 72

욕설의 어원을 알고도 쓸까 • 74

무섭고 우울한 말 '스몸비' • 76

2장
국어를
잘하는 사람이
인정받는다

우리말의 어법

'태양의 후예'가 군대 문화를 바꾸나 • 81

'하실게요'는 틀린 표현 • 83

'-도록 하겠습니다'는 '하겠습니다'로 • 85

'같아요'라는 추측성 표현에 대하여 • 87

가려 써야 할 '~더라고요' • 89

'~이 되겠습니다'는 '~입니다'로 명쾌하게 • 91

'키'는 쥐는 것이 아니라 잡는 것 • 93

담배는 피는 것이 아니라 '피우는' 것 • 96

알고 나면 똑똑해지는 일상 표현들 • 98

햇빛 잘 드는 집 • 101

글자는 '깨치고' 잘못은 '깨닫고' • 104

지나친 창의성의 오류 • 106

'죄송한 말씀'과 '죄송하다는 말씀'은 다른 뜻 • 108

문법은 이미 우리 머릿속에 있다 • 110

'그러고 나서'가 맞다 • 112

고양이 발톱을 깎이다 • 114

지나친 피동 표현 '~어지다' • 117

'~에 의하여'보다 좋은 표현은 많다 • 120

'~에 대하여'를 어찌 할까요 • 122

'○○한테' 온 전화는 누가 걸었을까 • 124

남산 위에 저 소나무 • 127

'에'와 '에게'는 엄연히 다르다 • 129

때로는 '~와의'가 정확한 표현이다 • 131

세 개의 오렌지에의 사랑 • 133

조사만 똑바로 써도 글이 좋아진다 • 136

'역전앞'에서 '역 앞'으로 • 138

껍데기인지 껍질인지 • 140

'청춘하세요'의 일탈 • 142

'떨어짐 주의'에서 발견하는 우리말의 능력 • 144

'~적'이라는 이상한 표현에 대해 • 147

접미사 '-스럽다'의 진화 • 149

갑자기 '급~'이 널리 퍼졌다 • 152

'맞다'가 맞지 않을 때 • 154

'수고하십시오'는 누가 쓰나 • 156

'건강하세요'의 현재와 미래 • 158

사돈어른, 사장어른 • 161

3장
국문법을 공부해 두면 평생 자산이 된다

맞춤법 이야기

맞춤법의 탄생 • 165

알고 보면 아름다운 맞춤법의 원리 • 168

띄어쓰기의 첫걸음 • 172

'되'와 '돼'에 대하여 • 175

'낫다'와 '낳다'는 하늘과 땅 차이 • 178

자꾸 '쎄'지는 우리말 표현 • 180

귀가 아닌 눈을 위한 글쓰기 • 182

행사를 치루겠다 • 184

'부딪치다'로만 써도 된다 • 186

'띄어' 쓸까, '띄워' 쓸까 • 189

'금새'가 아니가 '금세' • 192

적는 법도 가물거리는 '하오체' • 194

'어떻게요'와 '어떡해요' • 196

'처'와 '쳐'는 구별해야 한다 • 198

'촛불'의 사이시옷 • 200

'로서'와 '로써' 제대로 쓰기 • 202

숫자 쓰기와 읽기 • 204

'피시방'과 'PC방' • 207

'만 원의 행복'만큼 중요한 '만 원'의 띄어쓰기 • 210

'~는데'의 띄어쓰기 • 212

'만하다'와 '만 하다' • 214

'우리나라'는 어느 나라인가 • 216

'빌려주다'와 '빌려 주다' • 218

'한잔'과 '한 그릇' • 220

두 가지 외래어, '걸크러쉬'와 '옐로이쉬' • 223

'쥬시 후레쉬'의 과거와 현재 • 226

'후지 산'에서 '후지산'으로 • 229

문장 부호 몇 가지 • 231

4장
**표준어를 쓰면
좋은 점이 많다**

표준어 이야기

표준어가 무엇인가요 • 237

표준어를 써야 교양 있는 사람인가 • 239

표준어의 새 식구 '이쁘다' • 241

우리말샘을 아시나요 • 244

애완동물의 출입을 '삼가' 바란다고? • 246

'비껴가다'와 '비켜 가다' • 248

'맞히다'와 '맞추다' • 250

먼지는 떨고, 신발은 털고 • 252

모둠회 드실까요, 모듬회 드실까요? • 254

어두운 방 안엔 바알간 숯불이 피고 • 256

임을 위한 행진곡 • 259

누리통신망(SNS) 시대의 국어 • 261

대중이 선택한 말은 '너'가 아닌 '니' • 263

나는 자랑스런 태극기 앞에 • 265

금이 서 돈일까, 세 돈일까 • 267

'수놈'일까 '숫놈'일까 • 270

'갈려고 한다'는 틀린 말 • 272

'ㅎ'소리가 사라졌어요 • 274

동해물과 백두산이 마르고 닳도록 • 276

'김빱' 좋아하시나요 • 278

5장
외국어보다 국어가 먼저이다

우리 말글 사랑

서러운 마음에 텅 빈 풍경이 불어온다 • 283

욜로(You Only Live Once) • 285

표현의 맛 살리기 • 288

품격이 있는 상호 짓기 • 291

국어에 없는 소리들 • 293

수정궁은 어느 팀? • 296

언어 권력 조심하기 • 298

'삼디 프린터'의 논란에 대하여 • 300

국어 기본법, 문제없다 • 302

조선에서 자랑할 것이 무엇인가 • 304

한글은 왜 쉬운 글자인가 • 306

'한글'이라는 이름은 누가 지었나 • 309

'그, 느, 드'라는 글자 이름 • 312

'짜장면'과 한글 • 314

행복한 삶을 위한 '쉬운 말' 쓰기 • 316

한자성어 대신 속담 쓰기 • 318

'옥상'의 '일광욕 의자' • 320

여름철에 만나는 우리말 • 322

'곤색'을 다시 마주하며 • 324

잘못 꿴 첫 단추, '서울러' • 326

'갠톡'을 보는 두 개의 시선 • 328

국어사전과 친해지기 • 330

빗방울이 듣다 • 332

'동북부'와 '북동부' • 334

치과병원 이름에 '이빨'이 없는 이유 • 336

'해보내기'의 아쉬움 • 338

6장
**국어를
잘하는 사람은
다른 것도
잘한다**

문장, 이렇게 쓰자

읽기 쉬운 문장이란 • 343

더 잘게 나누어 쓰기 • 345

중복 표현 피하기 • 348

간결하게 쓰기 • 350

번거로운 '~에 대하여' • 352

'~을 통하여' 가려 쓰기 • 355

'~ㄹ 수 있을 것이다'라는 표현 • 357

문법에 맞게 문장 쓰기 • 359

주어를 꼭 확인하세요 • 361

실과 바늘의 관계, 주어와 서술어 • 364

목적어에 어울리는 말 • 367

주어와 서술어는 찰떡궁합으로 • 369

제 짝을 찾습니다 • 371

접속 성분과 서술어 • 374

잘못 쓰는 '~시키다' • 377

수식어의 중복 피하기 • 379

명사 위주의 문장은 딱딱하다 • 382

쉼표, 이렇게 쓰면 좋다 • 385

잘못된 접속이 문장을 망친다 • 387

단락 쓰기는 꼬리에 꼬리를 물듯이 • 389

맺는 말 우리의 관심이 국어를 더 아름답게 만든다 • 392

1장

말이 곧 사람이다

바른 말에 담긴 마음

어느 노감독의
불편한 마음

어느 날 일본 NHK에서 제작한 다큐멘터리를 우연히 보게 되었다. 애니메이션 영화의 거장 미야자키 하야오의 삶을 다룬 것이었다. 팔순을 바라보는 나이지만, 그는 여전히 혼잣말로 "자, 일해야지, 늙은이" 하면서 작업대 의자를 당겨 앉아 만화를 그리고 있었다. 평생 동안 손으로 그림을 그려 왔지만 컴퓨터를 이용한 그리기 작업에도 관심이 가지 않을 리 없다.

어느 날 인공지능^AI^으로 그림 작업을 하는 젊은이들이 찾아와 그들의 창작품을 시연했다. 팔다리가 기괴하게 뒤틀린 생물체가 바닥을 기며 기묘한 동작으로 이동하는 영상이었다. 어떻게 저런 움직임을 만들어 냈을까 신기한 면이 적지 않았다. 그런데 그 작품을 감상한 후 거장은 이렇게 소감을 말했다.

나는 매일 아침 이웃 한 사람을 만납니다. 그는 몸이 불편하여 나와 하이파이브 하는 것조차 힘들어 하지요. 그 사람을 생각하면 나는 이 작품에서 어떤 즐거움도 느낄 수 없습니다.

회의는 침묵 속에 끝났다. 그렇다. 많은 이들이 즐거워하는 일이 누군가에게는 상처가 될 수 있다. 언어도 그렇다. 우리가 무심코 쓰는 말들 가운데는 누군가에게는 아픔을 주는 말이 있다. 전통적으로 써온 '살색'이라는 말조차 피부색이 다른 누군가에는 차별로 느껴질 수 있다. '미혼모'라는 말만 쓰는 것도 그 당사자만 일방적으로 내모는 사회적 차별의 시각이 담겨 있다. 그래서 '살색'을 '연주황'으로 바꾸고 '미혼부'라는 말도 공식적으로 만들어 쓴다.

이와 같이 차별적인 말 대신 쓰는 공정한 말을 '정치적으로 올바른 언어'라고 한다. 이러한 언어를 통해 세상을 보면 생각보다 더 따뜻해 보일 수 있다.

어린이 고객은
어린이다

김하늘, 리즈팅 주연의 한중 합작 영화 '메이킹 패밀리'의 한 장면이다. 얼굴도 모르는 아빠를 찾겠다고 일곱 살짜리 아이가 혼자서 공항에서 중국행 비행기 수속을 밟는다. 공항 직원은 상냥하게 존댓말로 응대해 준다. 급기야 마지막 인사말은 "즐거운 여행 되세요"이다. 영락없는 고객 응대용 멘트이다.

조금 과장된 예일 수는 있어도 비슷한 장면은 쉽게 목격할 수 있다. 꽤나 나이 지긋한 종업원이 십대의 어린 학생들에게도 "흰색이 어울리겠어요", "그 물건은 없는데요" 등처럼 존댓말을 하고, 또 그 어린 학생들은 아무렇지도 않게 그 말을 받아들인다.

이러한 장면은 좀 불편하다. 우리말에서 경어법을 결정하는 가장 중요한 기준은 '나이'이다. 이게 지나치게 무시되면 상당히 어색한데, 어느 틈엔가 '고객'과 '종업원'의 관계가 경어법을 결정하는 중요한 요소가 된 것이다. "주문하신 커피 나오셨어요"라는 표현이 등장한 것도 이러한 흐름과 무관치 않다. 심지어 "커피 나왔습니다"라고 하면 왜 자신을 무시하느냐고 화를 내는 고객도 있다고 한다.

경어법은 상대방에 대한 배려이자 더 오래 세상을 살아온 이에 대한 존중의 표현이다. 경어법의 본질은 존중하는 마음에 있는 것이다. 우리말 경어법이 일방적인 수직 관계를 조장한다는 비판적인 견해도 적지 않은데, 그 까닭은 우리 사회가 경어법을 바르게 사용하지 못해서일 것이다. 자신의 힘을 과시하기 위하여 상대방에게 반말을 한다든가, 판매 이익을 위하여 한참 어린 상대방에게 과도한 존댓말을 한다든가, 또 고객으로서 우월한 지위를 누리는 마음에서 이를 당연시하는 태도, 이러한 것은 모두 경어법의 잘못된 사용이다. 그러니 경어법에 대한 부정적인 시각도 이해가 간다.

아무리 영업 상황이라고 하더라도 "그래, 즐겁게 여행 하렴", "흰색이 잘 어울리겠네", "그 물건은 없는데, 미안해서 어쩌지" 등과 같이 상대방의 나이에 맞게 적절한 대우를 하는 것이 좋겠다. 오히려 그러한 말에서 더 다정함이 느껴진다.

고추도 태양이 도와줘서
말리는 건데

얼마 전 고향의 막내 누님이 '불타는 청춘'이라는 제목과 함께 빨갛게 익은 태양초 사진을 카톡에 올렸다. 여름 내내 농사지어 볕에 말린 것이다. 그러고는 "태양이 가끔씩만 도와주니 힘들었어"라고 글을 적었다. 고추를 말리는 데 태양은 그저 수단에 불과하다. 그런데 누님은 '태양이 도와주다'라고 하여 주체로 변환시킨 것이다.

자연도 고마우면 이렇게 주체가 된다. 그런데 때로 우리는 사람도 도구처럼 표현할 때가 있다. 사람마다 생각이 다를 수 있지만, 개인적으로는 '시키다'라는 말이 그렇다. 예전에는 "뭘 주문할까?"처럼 '주문하다'라는 말을 꽤 썼는데, 어느 틈엔가 '시키다'라는 말이 압도적으로 쓰이게 된 것 같다. 물론 너나없이 쓰고 국어사전에도 올라있는 말이지만 나는 늘 이 말이 조심스럽다.

음식점에서 한 모녀가 나눈 대화를 보자. "뭘 먹을까, 엄마?", "아무거나 시켜". 아무리 '시키다'가 주문한다는 뜻이라고 해도 기본적으로 다른 사람을 부린다는 뜻에서 출발한 말이다. 어른인 종업원들이 듣는 데서 아이에게 음식을 '시키라고' 하는 것은 듣기에 따라서 불쾌하게 느껴질 수 있다.

물론 이제는 누구나 무감각해져서 이러한 뉘앙스를 느끼지 못할 수도 있고, 그래서 괜한 걱정일 수도 있다. 그래도 크게 수고롭지 않다면 '주문하다'로 바꾸어 쓰면 좋겠다는 생각이 든다. "저기요, 저희 두 사람인데, 한 잔만 시켜도 돼요?"라는 말보다는 "한 잔만 주문해도 돼요?"가 낫지 않을까.

어느 한국어 회화 책에는 "종업원들에게 잔업을 시켜서라도 생산을 앞당겨 주십시오"라는 대화가 나온다. 당사자인 종업원이 대화 자리에 있는 것은 아니지만 이른바 '갑'과 '을'의 느낌이 든다. "귀사에서 잔업을 해서라도 생산을 앞당겨 주십시오" 정도로 표현할 수도 있을 것이다.

비슷한 상황에서 '사람을 더 써서라도'와 같은 표현도 흔히 한다. '쓰다' 역시 국어사전에 '사람에게 일정한 돈을 주고 어떤 일을 하도록 부리다'라는 뜻으로 올라 있기는 하다. 사전의 표제어 '용인'을 찾아보면 뜻풀이가 아예 '사람을 쓰다'로 되어 있을 정도이다.

그러나 역시 필자로서는 '일꾼을 쓰다, 파출부를 쓰다, 알바생을 쓰다' 등의 표현이 그리 좋게만 들리지 않는다. 기본적으로 '쓰다'는 물건 따위를 사용하는 의미이기 때문에 당사자에게 상처가 될 수도 있는 것이다. '고용하다, 채용하다' 등의 표현으로 얼마든지 바꾸어 말할 수 있지 않을까. 널리 쓰이고 보편화된 말일지라도 스스로 꺼려지는 느낌이 있다면 다른 표현을 써 보면 좋을 것이다.

용어 속에 담긴
가치

장애인을 가리키는 말은 '병신, 불구자, 지체 부자유자' 등 꽤 많은 변화를 겪어 왔다. 그러면서 다른 쪽에 서 있는 이들을 가리키는 용어에는 무관심했다. 그냥 '일반인', '정상인'이었다.

이 점에서 '장애인, 비장애인'은 이전의 용어와는 전혀 다르다. '비장애인'은 '장애인'에 비하여 '비-'라는 구별 표지가 더해져 있다. 언어학의 용어로는 이와 같이 어떤 표지가 더해진 것을 '유표적'이라고 한다. 그리고 그 표지가 없는 것은 '무표적'이다. 세상일의 관점에서 보면 무표적인 것이 보다 보편적이고 일반적인 것이다.

그래서인지 언어 표현에서도 흔히 다수이고 일반적이라고 판단되는 것이 무표적 형태를 차지하고, 그렇지 않은 쪽이 유표가 된다. 예를 들어 대개 여자에게만 '여-'를 붙여서 '여교사, 여의사, 여배우, 여주인공'이라고 하는 식이다.

그런데 '장애인, 비장애인'에서는 이것이 역전된다. 소수인 '장애인'을 무표적인 표현으로 삼아 두 단어를 짝지어 주고 있는 것이다. 이는 관점의 중심을 장애인으로 옮기고 있는 것으로서 배려의 정신이 담겨 있다. 그래서 '비장애인'이라는 말이 갖는 가치는 크다. 소수가 소외되지 않는 세상을 지향하는 가치관을 담고 있기 때문이다.

하지만 이렇게 사회적 배려를 담은 많은 말들이 제구실을 하지 못하는 경우가 적지 않다. '청소부'에서 '환경미화원'으로 말은 바뀌어도 마음이 바뀌지 못하기 때문이다. 늘 반복되는 일이지만, 서울의 한 지역에서 장애 학생을 위한 특수학교 건립 계획이 집값을 떨어뜨린다는 주민들의 반대에 또 부닥쳤다는 신문 기사를 보니 '비장애인'의 용어가 지닌 말의 가치를 새삼 돌아보게 된다.

언어적으로 생각해 보는
동성애

갑자기 동성애가 사회적 이슈로 떠올랐다. 동성애자의 권리도 보호받아야 한다는 한 공직 후보자의 말을 정치권에서 문제 삼으면서부터이다.

표준국어대사전은 '동성애'를 '동성 간의 사랑 또는 동성에 대한 사랑'이라고 풀이한다. 눈에 띄는 것은 '동성연애'와 같은 말이라고 한 점이다. '연애'는 두 사람 서로 간에 이루어지는 것이다. 따라서 '동성애'가 '동성연애'와 같은 말이라는 것은 동성애를 '서로 간의 행위'로서 이해하는 것이다. 그래서 '동성애자'도 '동성 간의 사랑을 하는 사람'이라고 하여 서로 간의 관계로 규정한다.

그런데 인터넷 두산백과의 '동성애' 풀이는 좀 다르다. '동성의 상대에게 감정적·사회적·성적인 이끌림을 느끼는 것'이라고 풀이한다. 서로 간의 행위가 아니라 일방의 '심리'에 초점을 둔 것이다.

국어사전은 '동성애'를 쌍방의 관계에 초점을 두고 있지만, '양성애'에 대해서는 '남녀 양성에 대하여 성적인 관심과 매력을 느끼는 일'이라고 하여 일방의 심리적 경향에 초점을 두어 풀이한다. 사실 '동성애'는 '동성끼리', '이성애'는 '이성끼리'라고 할 수 있지만, '양성애'는 '양성끼리'가 아니라 '양성에 대하여'의 의미이다. 그러므로 우리가 동성애·이성애·양성애를 나란히 쓸 때는 그 의미도 일관되게 '동성에 대하여', '이성에 대하여', '양성에 대하여'라고 하는 것이 자연스럽다. 어떻게 보면 '동성애자, 이성애자, 양성애자'는 모두 '그러한 성향을 지닌' 사람을 가리키는 뜻이 더 강하지 않을까.

우리가 동성애에 대하여 두 사람 간의 행위가 아니라, 보다 근원적으로 한 개인의 심리적 성향에다 초점을 둔다면 이해의 폭이 좀 더 넓어질 수 있다. 사과를 좋아하는 사람이 있고 싫어하는 사람이 있듯이, 동성애도 다양성의 세계 속에서 그냥 한 개인이 타고난 성향일 뿐인 것이다. 이제는 동성애를 언어적으로도 사회적으로도 다시 한번 생각해 볼 때이다.

여고생은 있고
남고생은 없다

우리는 "고등학생 둘이 버스에 탔다"라고 하면 보통 남학생 둘이 버스에 오르는 장면을 연상한다. 여학생이라면 "여고생 둘이 버스에 탔다"라고 하는 게 보통이다. '경찰'이라고 하면 보통 남자를 연상하고, '여경'이라고 해야 여자 경찰인 줄 아는 것과 비슷하다.

'여고생'의 짝이 되는 말은 '남고생'이지만 일상생활에서는 잘 쓰이지 않는다. '여고생과 남고생의 비율'처럼 전문적인 의미로 쓰일 때도 있지만, 일반적으로는 거의 쓰이지 않는 것이다. '여고생은 남학생보다 국어를 좋아한다'처럼 '여고생'의 짝은 '남학생'이 되는 게 보통이다.

그래서 국어사전에조차 '남고생'이라는 말은 없다. 필자가 글을 쓰는 이 순간에도 맞춤법 프로그램은 '남고생' 아래에 빨간 밑줄을 긋는다. 그러나 '남고생'은 적게나마 오랫동안 쓰이던 말이고 지금도 쓰이고 있으므로 사전에 등재해야 할 말이다.

어쨌든 '남고생'과 달리 '여고생'만 널리 쓰이는 이 특이한 현상은 여학교 교명에는 '여자'라는 말을 하나 덧붙이는 데서 비롯된다. '○○여자고등학교'는 '○○여고'가 되고, 여기에서 생겨난 말 '여고'에 다시 '-생'이 결합하여 '여고생'이라는 말이 나온다. 따라서 '여고생, 여자고등학교'라는 말은 꽤 불균형하고, 그래서 불평등한 말이라고 할 수 있다.

딸아이가 초등학생이던 시절, 출석부 번호를 매기는 규칙을 알고서 깜짝 놀랐던 기억이 있다. 남학생들이 앞 번호, 여학생들이 뒤 번호라는 것이다. 학생들을 쉽게 구분하기 위한 목적이라고는 하지만 어린 학생들은 은연중 남자가 우선이라는 의식을 가질 수도 있어 위험하다.

교육 현장이라면 특히 공정성을 지키기 위해 노력해야 한다. 물론 현실적으로 학교 이름을 갑자기 바꾸기는 쉽지 않겠지만, 그래도 새로운 방안은 없는지 한 번쯤 논의해 볼 수 있지 않을까. 적어도 새로 생기는 여학교들에 '여자'가 없는 교명이 붙기 시작한다면 그것만으로도 의미 있는 변화가 될 것이다.

아내는
집사람일까 아닐까

얼마 전 성 평등 관련 언어 표현이 화제가 된 적이 있다. 한 야당 대표가 여성정책 토크 콘서트에서 '젠더 폭력'이라는 말뜻을 몰랐던 일이 발단이었다. 젠더 폭력은 '상대 성에 대한 혐오를 담고 저지르는 신체적·정신적·성적 폭력'을 뜻하는 말이다. 이런 생소한 전문 용어를 몰라서 물어보는 것이 비난받을 일은 아니다. 다만 여성 정책을 포함한 다양한 사회 정책을 다루는 정당의 대표가 몰랐다는 점은 논란의 대상이 될 만했을 것이다.

그런데 현장에서 또 다른 의원이 "집사람이 젠더 문제를 공부하지 않았더라면……"이라고 말했다가 '집사람'이라는 표현 때문에 역시 항의를 받았다고 한다. '집사람' 역시 성 차별 표현으로서 부적절한 말이라는 것이다.

'집사람'은 집에서 살림하는 사람이라는 식의 가부장적 사고방식이 담긴 말로서 성차별적 용어라고 할 수 있다. 그런데 한편으로 표준 화법에서는 처부모 앞에서 그 딸을 존중해서 쓰는 표현이라고도 한다. 따라서 지나치게 단어의 본래 뜻만 따져 부정적으로 보는 것에 대해서는 이견이 있을 수 있다. 어원적으로 본다면 '아내'도 '안에 있는 사람'이니 문제 삼아야 하지 않겠는가.

대략 이런 생각을 갓 스물 된 딸아이에게 말했더니 동의하지 않는다. 너무 고지식하다는 것이다. 그래서 어떤 논리에서라도 당사자인 여성의 입장에서 거부감을 느낀다면 그 생각을 존중할 필요가 있겠다고 다시 생각하게 되었다.

다만 마땅한 대안도 없는 상황에서 '집사람'의 발언을 문제 삼는 것은 지나친 것 같다. 달리 보면 존중의 표현이기도 한 것이다. 그래서 이런 불필요한 갈등을 피하기 위해서라도 새로운 말을 찾을 필요가 있겠다는 생각도 든다.

중국어에서는 남편, 아내 구분 없이 '아이런愛人'이라고 하고 그 영향으로 중국 조선어에서도 '애인'이라고 한다. 이와 같이 아예 성 구별이 배제된 말이라면 문제는 없을 것이다. '자기'라는 말은 너무 가벼워 안 되겠지만 모두가 공감할 수 있는 좋은 말을 얼마든지 찾을 수 있을 것이다.

'~지 말자요'를
대하는 마음

아주 오래전, 연변에서 동포 한국어 교사들에게 강의를 한 적이 있다. 그분들에게는 아직 낯선 한국어의 이런저런 내용을 주제로 한 것이었다.

장소는 정겨운 분위기의 한 소학교 교실이었다. 내심 강의에 부담을 느낀 나는 어찌하면 좀 재미있게 진행할 수 있을까 하는 생각으로 마침 복도에 붙어 있던 표어를 화제로 꺼냈다. '뛰지 말자요'라는 말이 참 재미있다는 뜻으로 말했다. 그런데 필자의 표현에 문제가 있었는지, 순간 분위기가 착 가라앉았다. 지금까지도 그런 뜻은 아니었다고 기억하지만, 부끄럽게도 필자의 내심에는 연변의 조선어를 좀 가볍게 생각하는 마음이 있었던 건 아닐까.

따지고 보면 해요체는 반말체에 '요'가 붙은 말이니까, '말자'에 '요'가 붙은 '말자요'는 지극히 당연한 표현이다. 단지 그것이 생소하다고 하여 '맙시다'가 자연스러운 국어이고 '말자요'는 좀 특이한 표현이라는 생각은 잘못된 것이다.

강릉이 고향인 필자는 종종 '오늘에, 내일에'라는 말을 쓴다. '내일에 만납시다'라고 하는 식인데, 종종 주위 사람한테서 놀림을 받곤 한다. 국어사전에도 있듯이 '어제, 오늘, 내일'은 부사이기도 하므로 그냥 '내일 만납시다'라고 하면 된다. 그러나 '세 시에, 작년에'처럼 '내일에'도 사실 이상할 게 없다.

그리고 이 말은 연변의 조선어에서도 들을 수 있는데, 지금 웨이하이에서 가끔 이 말을 들으면 필자는 고향 말을 만난 듯 반가움을 느낀다. '말자요'에서 느꼈던 생소함이 '내일에'에서는 친근감으로 바뀌는 것이다. 그러므로 언어에 편견을 가질 까닭이 없다. 언어는 원래 우리가 사는 세상이 다양하다는 것을 가르쳐 주지만, 우리가 그 의미를 깨닫지 못하는 것이다. 다문화 사회의 오늘날 더욱 그런 생각이 든다.

그 방은 '사장님실'이 아니라
'사장실'이다

정치인들이 "대통령께서 ~라고 말씀하셨습니다"라고 말할 때가 종종 있다. 중요한 직책의 사람을 존중하여 이렇게 높여 표현하는 것이 문제될 것은 없다. 다만 한편으로는 "국민들이 이해할 수 있도록", "국민들에게 알리고"와 같이 말하기도 한다는 게 문제이다.

이것은 우리말 경어법에 맞지 않는다. 정치인의 입장에서 보면 가장 존중해야 할 대상은 국민이다. 따라서 무엇보다 '국민들께서, 국민들께'라고 높여 표현해야 하며, 그럴 때 '대통령께서'라고 하는 게 자연스럽다. 특히 국민을 대상으로 말하는 상황이라면 대통령에 대한 지나친 존대도 그리 바람직하지 않다.

대통령은 존중받아야 할 대상이므로 '께서, -시-'로써 높이는 것 자체가 나쁜 것은 아니다. 이렇게 존중하는 표현이 오가는 정치는 보기에도 좋다. 다만 '존중'의 기준에서라면 '총리께서, 장관께서, 야당 대표께서' 등과 같이 일관되게 쓰는 것이 높임말의 질서에 맞다. 그러나 유독 대통령에게만 경어가 집중된다면, 국민이 아닌 대통령만 높여 말한다면, 그 경어법은 '존중'을 바탕으로 했다기보다는 '권위'를 바탕으로 한 것이다.

　이러한 왜곡된 경어법은 '사장님실'과 같은 말에서도 엿볼 수 있다. "사장님실이 어디죠?", "사장님실로 가 보세요"와 같은 말을 단순한 실수가 아니라 습관적으로 쓴다. '사장실' 대신 '사장님실'이라고 하는 것은 사장님을 사랑하고 존경해서가 아닐 것이다. 사장은 꼭 '~님'으로 불러야 한다는 생각에 사로잡혀서 굳이 '사장실'의 '사장' 뒤에까지 '님'을 덧붙인 것이다. 이렇게 권위에 이끌린 '사장님실'보다는 '사장실'이 바르고 좋은 표현이다.

국회의원
○○○입니다

어느 날 한 시민행사에 간 적이 있다. 그런데 그 자리에 참석한 국회의원이 "안녕하십니까? ○○○ 의원입니다"라고 자신을 소개했다.

이 사례처럼 자신의 이름 뒤에 직함을 붙여 말하는 경우를 종종 볼 수 있다. 하지만 상대방에게 자신을 소개할 경우에는 직함을 이름 앞에 붙이는 것이 올바른 화법이다. 그래서 사병이 장교 앞에서 자신의 관등성명을 댈 때 '○○○ 일병'이라고 하지 않고 '일병 ○○○'라고 하며, 기업체 사장이 고객들에게 편지를 보낼 때도 '△△주식회사 사장 ○○○ 드림'과 같이 직함을 이름 앞에 쓰는 것이다. 이와 같이 관등이나 직함을 먼저 대고 이름을 말하는 것에는 자신을 높이는 뜻이 없다. 오히려 자신의 신분을 미리 밝힌다는 점에서 상대방에 대한 예의가 담겨 있다.

직함을 이름 뒤에 붙이면 그 사람을 대우해 주는 뜻이 있다. 장교가 부하 사병을 '김 일병'과 같이 계급을 뒤에 붙여 부르는 것이나, 회사 사장이 부하 직원을 '김 부장(님), 이 과장(님)'처럼 부르는 것은 상대방을 대우해 주는 말하기이다. '김 군, 이 양, 최 여사, 박 선생, 정 반장' 등도 모두 상대방에게 적절한 존중의 뜻을 표한 것이다.

따라서 자기를 가리켜 말할 때는 이름 뒤에 직함을 붙일 수 없다. 이는 스스로 자신을 높이는 것이므로 언어 예절에 맞지 않다. 자칫 이러한 말 한마디에 상대방이 불쾌감을 느낄 수도 있으므로 자기를 소개할 때는 '의원 ○○○입니다, 사장 ○○○입니다'와 같이 직함을 앞에 두어 겸손하게 말하는 것이 바람직하다. 이렇게 스스로 낮추어 말함으로써 오히려 인격은 높아질 수 있다.

커피 나오셨습니다

ㅣ ㅐㅐㅐㅐㅐ ㅐㅐㅐㅐ

'커피 나오셨습니다'와 같은 표현이 자주 쓰이고 있다. 특히 상점에서 직원이 손님에게 말할 때 이와 같이 사물을 높여 말하는 일이 잦다.

"주문하신 커피 나오셨습니다."
"만 원이세요."
"주스는 없으세요."

우리말의 '-시-'는 사람과 어울리는 게 일반적인데, 이 표현들은 '커피, 값, 물건' 등 사물을 높이고 있어 이상하다. 이는 문법적으로 문제가 있는 표현이므로 쓰지 않는 것이 좋다.

내가 머물고 있는 중국 웨이하이에도 한국어를 사용하는 카페가 적잖이 있지만, 모두 '20원입니다'라고 하지 '20원이십니다'라고 하지는 않는다. 한국에서 유학 생활을 한 여학생도 카페 아르바이트를 할 때 '커피 나왔습니다', '만 원입니다'라고 말했다고 한다. 외국인 학생들은 오히려 커피는 사람이 아닌데 왜 높여 말하느냐고 반문한다.

물론 사물 주어와 어울린다고 해서 꼭 잘못된 표현이라고 하기는 어렵다. 우리말에서 "(주문하신 커피가) 아메리카노세요?", "(커피가) 뜨겁지 않으세요?" 등처럼 사물 주어와 어울려 '-시-'가 자연스럽게 쓰이기도 하기 때문이다. "행복한 주말 되세요" 같은 인사말도 그렇고, "넥타이가 잘 어울리세요"와 같은 표현도 그렇다.

우리말에서 '-시-'의 쓰임은 꽤 미묘하다. '아메리카노세요?', '넥타이가 잘 어울리세요' 등도 사물을 높이는 것이어서 지나친 존대라고 비판하는 사람도 있다. 이처럼 어디까지가 올바른 표현이고 아닌지 그 경계가 상당히 모호한 것은 사실이다. 그러나 문법적으로 그 경계를 명확히 규정짓기 어렵다고 해도 '커피 나오셨습니다'와 같은 표현을 바람직하지 않다고 하는 것은 대부분 사람들이 이를 정상적인 화법으로 받아들이지 않기 때문이다. '아메리카노세요?' 등과 달리 사물을 높인다는 느낌이 너무나 뚜렷해서일 것이다.

이렇게 그 말을 듣는 사람 스스로 거북하게 여기고, 그 말을 쓰는 사람조차도 '잘못된 말인 줄 알지만 어쩔 수 없이 쓴다'고 할 정도이면 자연스러운 경어법이라고 하기는 어렵다.

무엇보다도 이 표현은 경어법의 본질과 거리가 있다. 경어법의 진정한 가치는 상대방을 존중하는 마음에 있다. 그러나 '커피, 값, 물건'을 높이는 데서는 사람에 대한 존중보다는 오히려 고객과 종업원 간의 수직 관계가 느껴진다. 서로 존중하는 표현이라면 손님도 다음과 같이 말해야 하지 않을까.

"아메리카노 있으세요?"

"카드 되세요?"

"만 원 여기 있으세요."

그러나 이렇게 말하는 경우를 본 적은 없다. 누구나 "아메리카노 있어요?", "카드 돼요?", "만 원 여기 있어요"라고 말한다. 그리고 아무도 그것이 예의에 벗어난 말이라고 생각지 않는다. 그래서 유독 종업원만 손님에게 "커피 나오셨습니다"라고 말하는 것을 정상적인 대화법이라고 할 수 없는 것이다. "커피 나왔습니다", "만 원이에요", "주스는 없어요"가 바람직한 말하기이고, 오히려 그와 같이 대등한 표현에서 상호 존중의 뜻을 느낄 수 있다.

넘치는 말
'손님분'

언젠가 독자 한 분께서 질문을 보내주셨다. 요즘 "팬분께서 주셨어요", "학생분들은 이리 오세요", "어머님분들 들어오세요", "손님분은 가셨어요" 등과 같이 '분'을 많이 쓰는데, 문제가 있지 않느냐는 것이었다.

근래 "커피 나오셨어요"와 같은 표현이 맞고 틀리고를 떠나 문제되고 있듯이 우리 사회에 경어 표현이 늘어나고 있음을 엿볼 수 있다. '분'의 쓰임이 확대되어 가는 것도 이러한 사회 분위기 탓일 것이다.

'분'은 '친구분, 동생분, 남편분, 독자분' 등과 같이 그 사람을 높이는 접미사이다. 이 접미사로써 해당하는 사람을 적절히 대우해 줄 수 있으니 매우 유용한 말이다. 물론 '친구이신 분, 동생 되시는 분' 등과 같이 표현하기도 하지만, 이 접미사 '분'을 이용하면 더 간결하게 표현할 수 있다.

그러나 독자분의 의견대로 요즘 '분'을 과도하게 쓰는 경향이 있다. 무엇보다 '손님분, 어머님분'은 지나치다는 생각이 든다. 이미 '손님, 어머님'은 '님'이 결합된 말로서 그 자체가 존칭어이므로 '분'까지 덧붙이는 것은 과도한 존대인 것이다. 그냥 '손님, 어머님'으로 표현하는 것이 좋을 것이다.

　'팬분, 학생분'처럼 존칭어가 아닌 말에 '분'을 붙이는 것도 항상 바람직한지는 의문이다. 예를 들어 "국가를 위해 헌신하는 군인분들께 감사드립니다", "외국 공무원분들이 홍보관을 방문하셨어요" 등이 예의를 담은 표현이기는 하지만 거추장스럽게 느껴진다. '군인들께, 공무원들이'라고 해도 예의에 어긋나지 않으며 간결하고 자연스럽다. '팬분께서, 학생분들은'도 '팬께서, 학생들은'이라고 해도 충분하지 않을까. '분'을 상황에 맞게 적절히 쓰는 언어문화를 기대해본다.

좋은 호칭을 찾으려는
아름다운 노력

1966년 한 신문 기사를 보면 '수고엄마'라는 말이 새로 등장하였다고 한다. 일정한 시간에 다른 가정에 들러 청소와 빨래 등 가사를 대신 해 주고 일정한 보수를 받는 당시의 신종 직업이다. 오늘날 '가사 도우미'의 개념이다.

가정에 기숙하면서 가사를 돌봐 주던 당대의 '식모'와는 조금 다른 개념인데, 이에 대하여 기사는 "일은 식모가 하는 일과 같으나 이름은 '수고엄마', '수고언니'라고 듣기 좋은 호칭으로, 식모라는 이름을 빼 버렸다"라고 소개하고 있다. '수고'라는 말에 감사의 뜻을 담고, '엄마'라는 말에 가족의 정을 담은 말이다. 부정적인 어감의 '식모'를 대신하였으니 배려가 담긴 말이다. 그래서 기사에서도 '좋은 호칭'이라고 하였다.

남의 집 가사를 도와주며 생계를 꾸리는 직업, 그 직업을 가진 이는 불우한 처지이다. 그래서 호칭 하나가 따뜻한 격려가 될 수 있다. 우리 사회는 이와 같이 언어를 통해서 격려의 뜻을 표현해 왔다. 예를 들어 식모, 가정부, 파출부, 가사 도우미로 변화를 거듭해 왔던 것이다.

자꾸 새로운 말로 바뀌었다는 것은 그만큼 사회적 의식이 성숙하지 못해서이겠지만, 한편으로는 다른 사람을 배려하는 공동체 의식도 쉬지 않았다는 뜻이기도 하다. 이렇게 말을 인위적으로 바꾸는 것에 대한 비판적 견해도 없지 않지만, 좋은 말을 찾으려는 노력을 부정적으로만 생각할 필요도 없을 것이다. 그래서 이미 반세기 전에 '수고엄마'라는 말이 있었다는 것이 반갑고, 이 말 한마디에서 우리 사회에 대한 신뢰감을 느낀다.

청소년끼리는
밝고 가벼운 반말이 어떨까

얼마 전에 종방한 한 인기 드라마에서 한바탕 싸운 부부가 서로 존댓말을 쓰기로 약속하는 장면이 있었다. 내용상 익살스러운 설정이었지만 이 드라마 속 작은 일화는 경어법의 본질이 상호 간의 배려와 존중에 있음을 보여 준다.

1910년대 소설 '무정'의 주인공인 경성학교 영어 교사 이형식은 학생들에게 "시간이 늦어 미안하외다", "김 군, 읽어 보시오"처럼 학생들에게 하오체로 말한다. 교사의 권위보다는 성숙한 학생을 존중하는 마음이 앞서고 있다. 필자의 은사님은 1950년대만 해도 대학에서 선배가 후배를 '학형'이라 부르며 말도 높였다고 하시면서, 후배에게 반말을 하는 우리의 수직적인 말 문화를 지적하기도 하셨다.

이미 중학생이 되는 순간 아이들은 선배에게 존댓말을 쓰고, 선배는 후배에게 반말을 한다. 주고받는 말에서 엄격한 상하 관계가 세

워지고 마는 것이다. 거의 동년배라고 할 아이들이 "야, 너 이리 와", "예, 무슨 일이세요?"처럼 말하는 것은 아무래도 부자연스럽다.

그래서 존댓말과 반말을 주고받는 청소년들의 불평등한 언어문화에 대하여 다시 생각해 보게 된다. 조사 시기에 따라 차이가 있기는 하지만, 국민의 언어 의식 조사에 따르면 우리말 경어법이 불평등한 인간관계를 반영한다는 비판적인 견해들도 적지 않다.

경어법은 우리말의 미덕이지만, 권위와 복종이 아니라 상호 존중의 수단일 때 진정한 가치가 있다. 밝고 아름다운 청소년 시기에는 "언니, 안녕히 가세요"보다 "언니, 잘 가" 하는 말이 어울려 보인다. 중학교, 고등학교에서 평등한 말 문화를 만들어 가면 어떨까 하는 생각이 든다.

75초에 한 번꼴로
욕하는 청소년들

한 기사를 재인용하면, EBS에서 중고생 4명에게 소형 녹음기를 지참시켜 학교생활의 대화를 녹음했더니 1인당 75초에 한 번꼴로 욕을 했다고 한다. 이런 조사 결과를 보면 청소년들의 대화에서 욕을 빼면 말이 되지 않는다는 게 실감난다.

중고생들이 주고받는 말을 들어보면 '졸라, ×발, 십××, 개××, 처××' 등을 아무렇지도 않게 쓴다. 그래서 모두들 청소년의 언어를 걱정하고 있으며, 청소년 언어 개선 프로그램을 통해 바른 말 사용을 위한 교육과 홍보에도 애쓴다.

참 고마운 일이지만, 한편으로는 청소년에게 '욕을 하지 말자', '고운 말을 쓰자'라고만 할 문제는 아닌 것 같다. 필자는 두 딸아이의 중·고등학교 시절을 지켜보면서, 웃고 까불고 평온해 보여도 늘 현실에 힘겨워 하는 느낌을 받았다. 가뜩이나 정서적으로 불안정한 청소년 시기에 입시 경쟁의 학교생활에서 오는 혼란, 불안감, 좌절감은 작지 않다. 청소년들의 언어도 이러한 현실과 무관하지 않을 것이다.

성장기의 불안함에서 욕설을 자주 쓰는 건 아닐까. 청소년들이 '깜놀, 생선, 엄빠주의, 고답이, 답정너' 등의 유행어나 은어를 즐겨 쓰는 것도 청소년다운 발랄함 때문이기도 하지만, 이러한 언어유희를 통해 현실의 불안감을 해소하는 그들만의 방법일 수도 있다.

아이들이 단지 습관적으로 욕을 하고, 욕을 하는 소수의 말을 그저 집단적으로 따라하고, 게임과 미디어 등의 영향으로 거친 말을 쓰는 것도 맞다. 그것뿐이라면 평소의 언어생활 태도를 고쳐 주고, 미디어의 언어문화를 개선하면 될 것이다. 그러나 어떤 이유에서든 청소년들이 쉽게 욕을 받아들이고 쓰는 데는 그만큼 욕에 공감하는 마음이 있어서일 것이다. 그 마음을 치유해 줄 수 있어야 한다.

종종 청소년들이 역할극을 통해 상대방의 상황을 연기하는 과정에서 소리 지르고, 욕도 하고, 울기도 하면서 감정의 치료가 이루어지고 화해에 이르는 걸 볼 수 있다. 그렇게 상처받은 감정이 치유되면 평소 쓰던 욕설도 점차 사라지게 된다.

가정이나 학교에서는 아이들의 고민을 귀담아 들어 주고, 거친 말을 쓰는 경우에도 일방적으로 야단치기보다는 "무슨 안 좋은 일이 있나 보구나", "그런 말도 할 줄 아네. 그래도 이렇게 말하면 더 예쁠 것 같은데"처럼 공감하는 마음으로 바로잡아 주는 것이 좋을 것이다.

'고운 말을 하자'라는 말에 앞서 학교생활을 즐겁게 할 수 있는 환경을 만들고, 그래서 청소년들의 불안감을 행복감으로 바꾸어 준다면 청소년의 언어문화도 자연히 밝아지지 않을까.

걸음은 조용조용,
말씀은 가만가만

고속도로를 오가다 보면 졸음운전의 위험성을 일깨우는 표어들이 곳곳에 보인다. 그런데 그 말이 섬뜩하기 그지없다.

'졸면 죽는다', '졸음운전은 살인운전', '졸음운전! 자살운전! 살인운전!', '겨우 졸음에 목숨을 거시겠습니까?' 등이다. 그 표어를 보는 운전자의 정신이 번쩍 들긴 하겠지만 그 뒷맛은 그리 좋지 않다. 죽는다느니, 자살이니, 살인이니 하는 표현은 일종의 협박이요 언어폭력이다.

물론 고속도로 관계자들의 고충도 이해 간다. 이렇게 자극적인 표현을 통해서라도 소중한 생명을 지키겠다는 발상에서 나온 고육책이니 한편으로는 고마워할 일이기도 하다. 보도에 따르면 그 효과도 적잖이 있다고 한다. 그러나 아무리 목적이 숭고하더라도 그 방법이 아름답지 못하다면 다시 생각해 볼 일이다.

언젠가 순천의 선암사에 간 적이 있다. 그 경내의 대웅전을 오르는 돌계단의 난간 끝머리에 부탁의 글이 새겨져 있었다. 한쪽에는 '걸음은 조용조용', 다른 쪽에는 '말씀은 가만가만'이라고 씌어 있었다. '뛰지 마시오'라든가 '떠들지 마시오'라는 위압적 표현보다는 훨씬 부드러운 느낌을 준다. 오히려 그 부드러움에 읽는 이들의 마음도 따뜻해져 절로 걸음이 조용해지고 말소리가 낮아진다.

이렇게 낮고 겸손한 목소리로 말해도 그 간절한 뜻은 전달된다. 높고 거친 말은 잠깐의 효과는 있을지라도 결국은 마음을 병들게 한다. 어떻게 쓰느냐에 따라서 말은 약이 될 수도 있고 독이 될 수도 있다. 졸음과 싸우는 운전자에게 산뜻한 청량제가 될 수 있는 그런 표어는 없을까.

지하철 기관사들의
위로의 말

촛불 집회가 한창이던 때, 광화문 역에는 수많은 사람들이 지하철을 타고 내렸다. 이 역에 도착하면 기관사들은 "촛불로 켜져 있는 광화문 역입니다"라고 안내 방송을 했다고 한다. 아쉽게도 필자는 직접 들어 보지는 못했다.

복잡한 역, 어지러운 시국, 그리고 그에 못지않게 착잡한 심경. 정치적 견해를 떠나 이런 상황에서 기관사의 인사말 한마디가 샘물 같이 청량한 느낌을 주지 않았을까.

그 얼마 후, 딸애가 대학 입시로 필자와 함께 서울에 올라가게 되었다. 종착역에 이르자 기관사가 작별 인사를 한다. "수험생 여러분, 기지개를 켜고 오늘 하루 멋진 하루 보내시기 바랍니다"라고. 그 순간, 여기저기 앉아 있던 수험생들이 기쁜 표정을 짓는다.

우리말 문법으로는 '촛불로 켜져 있는'은 '촛불이 켜져 있는', '촛불로 빛나는'이 바른 표현이고, 두 번 반복된 '하루'도 하나만 있으면 된다. 그러나 문법으로 따질 수 없는 언어의 가치를 이 말들에서 느낄 수 있다. 국가의 위기나 대학 입시 앞에서 느끼는 불안감 속에서 기관사들의 격려 한마디는 큰 위안이 되었을 것이다. 진심을 담은 이런 격려와 위로의 인사말 문화가 더 널리 전파되었으면 한다.

더 좋은 위로의
말 찾기

문상 가서 가장 좋은 인사말은 아무 말도 하지 않는 것이다. 누군가를 잃고 슬픔에 잠겨 있는 이에게는 그 어떤 말도 위로가 되지 못하기 때문이다. 공감의 미덕이다. 이웃의 감정에 공감할 수 있는 것이야말로 우리 사회에서 꼭 필요한 덕목이다. 어떤 생각을 하고 있든 그 아픔에 공감하지 못하는 말은 언어로서도 자격이 없다.

우리 사회에는 너무나도 힘든 상황에 처한 사람들이 적지 않다. 그럴 때마다 격려의 말 한마디가 조금이나마 힘이 될 수 있다. 다행히 우리는 이와 같이 공감하는 말을 훨씬 많이 듣고 보았다.

"꼭 돌아오세요!"
"미안해요. 그곳에선 행복하세요."
"늦게 와서 미안해요."

"너는 나다."

"잊지 않겠습니다."

이 말들을 전하는 언약의 나무, 국화꽃 한 송이와 쪽지 한 장. 우리는 이렇게 공감하고 소통한다. 그런데 때로는 이와는 전혀 다른 조롱과 비하의 말도 적지 않다. 우리는 이렇게 공감하지 못하는 말들을 '혐오 발언'이라고 한다.

국어에 이 혐오 발언을 위한 자리는 없다. 미국의 대통령 오바마는 유엔총회 회의 연설에서 이런 말을 남겼다. "혐오 발언에 대한 가장 강력한 무기는 억압이 아니라 더 많은 표현이다"라고. 더 많은, 더 따뜻한 말이 그 자리를 대신할 때 세상은 더 따뜻해진다.

혐오 발언이 없는
대한민국을 꿈꾸며

요즘 흔히 쓰는 말로 '맘충'이 있다. 외래어 '맘'에 벌레를 뜻하는 '충'이 결합한 말이다. 공공장소에서 뛰어다니는 아이를 내버려두는 등 자기 아이 중심의 양육 태도를 지닌 엄마를 비판적으로 칭하는 말이었다. 그런데 점차 아기를 키우는 엄마를 보편적으로 가리키는 데까지 이르렀다.

이 '충'은 단어를 더 만들어 내어 중고생을 가리켜 '급식충', 노인층을 가리켜 '틀딱충', 한국남자를 가리켜 '한남충'이라고 하는 표현이 양산되었다. 이 말들은 특정 집단이나 계층에 대한 공격성을 담고 있다. 그리고 공중도덕에 어긋나는 행위, 여성을 배려하지 못하는 전근대적인 사고방식은 잘못된 것이라는 나름대로 정당한 근거를 내세운다.

그러나 그 정당성은 사람을 '벌레'라고 부르는 순간 사라져 버린다. 이런 식의 혐오 발언은 정당한 '비판'이 아니라 무분별한 '비난'에 불과한 것이기 때문이다. 알려진 바에 따르면 '한남충'은 여성을 혐오하는 표현인 '김치녀'에 대응하여 메갈리아라는 한 커뮤니티에서 만든 말이라고 한다. '김치녀'라는 혐오 발언이 또 다른 혐오 발언을 부른 셈이다. 이런 악순환만 보더라도 왜 혐오적인 말이 우리 사회에 도움이 안 되는지 알 수 있다.

우리말에서 '벌레'는 두 가지 세계를 보여 준다. '밥벌레, 밥버러지, 식충이, 인버러지(은혜를 모르는 사람)'와 같이 부정적 의미로 쓰이기도 하지만, '책벌레, 일벌레, 공붓벌레'처럼 긍정적 의미로 쓰이기도 한다. 그리고 우리는 '책벌레, 일벌레, 공붓벌레'처럼 긍정적 의미를 담은 말을 더 사랑해 왔다.

그러던 것이 '맘충, 급식충'의 부정적 쓰임으로 기운 것은 안타깝다. 어쩌면 이는 경쟁에 내몰린 우리 사회의 현실 때문일 것이다. 여성과 남성이, 노년 세대와 젊은 세대가 서로를 공존이 아니라 경쟁의 대상으로 인식하는 시대, 그래서 나를 지키려는 심리에서 상대방을 공격하게 된 것은 아닐까.

이제 경쟁보다는 공존의 사회로 나아갔으면 싶다. '맘충, 급식충, 한남충'과 같은 말은 아직 개방형 국어사전인 '우리말샘'에 올라 있지 않다. 이 말이 미처 사전에 오르기 전에 사라져 버리면 좋겠다는 생각이 든다.

두 명의
17세 소년

2017년 우리나라에서 열린 U-20 월드컵에 출전한 국가들 중 눈길을 끌었던 팀은 베네수엘라 대표 팀이다. 많은 이들의 예상과 달리 이 팀은 결승전까지 진출하였다. 그 배경에는 독재 정권에 핍박받는 국민에게 희망을 주고자 온힘을 다해 뛴 선수들의 각오가 있었다고 한다. 베네수엘라는 반정부 시위에 대한 정권의 탄압으로 70여 명이 목숨을 잃는 등 힘든 상황이었다.

우루과이 팀을 이기고 결승 진출을 확정짓는 순간, 극적으로 동점골을 넣었던 '사무엘 소사' 선수는 억누르기 힘든 기쁨에 환호를 하였다. 더할 나위 없이 감격스러운 순간이었을 것이다. 그 당시 그라운드에서 함께 감격의 눈물을 흘렸던 두다멜 감독은 인터뷰에서 이렇게 말했다.

"오늘의 17세 소년은 행복으로 가득 차 있지만, 어제의 17세 소년은 목숨을 잃었다."

　더 나은 조국을 위하여 경기 전날 반정부 시위에 나섰다가 목숨을 잃은 '네오마르 란데르'라는 소년을 두고 한 말이었다. 조국의 영광과 아픔을 동시에 표현한 이 말은 조용한 화제가 되었다.

　감독이 한 말의 초점은 뒤의 17세 소년에 있다. '말은 나면 제주도로 보내고, 사람은 나면 서울로 보내라'처럼 대구의 표현은 일반적으로 뒤의 말에 중심이 놓인다. 그렇듯이 이 감독은 승리의 현장에 있으면서도, 영광을 안겨 준 지금의 17세 소년이 아니라 조국에서 숨져 간 어제의 17세 소년을 더 생각했던 것이다.

　자칫 어떤 이는 대조적 표현의 효과를 잘 활용한 그 감독의 화술에 주목할지도 모른다. 그러나 많은 이들이 감동받은 것은 그 뛰어난 화술 때문이 아니라, 자신의 기쁨 속에서도 다른 이의 아픔을 함께 보는 그의 마음 때문이다. 좋은 마음이 좋은 말을 만든다. 오늘 우리나라의 17세 소년들이 그런 화자로 성장할 수 있기를 기원한다.

더 보탤 것도
뺄 것도 없이

████ ███ ████ ██

누구나 잘 알듯이 '고작'은 '별것 아니다'라는 부정적인 의미로 쓰이는 말이다. "그저 잠깐 쉬는 게 고작이지", "고작 방 한 칸밖에 없느냐?"처럼 무언가 부족하고 못마땅할 때 이 말을 쓴다.

그런데 원래 '고작'은 모자라지도, 넘치지도 않게 '딱 알맞다'는 뜻의 말이었다. 언어가 변하는 것이야 당연하지만 왜 '딱 알맞다'는 뜻이 '부족하다'는 뜻으로 바뀌고 말았을까. 무언가 더 많은 것을 바라고, 넘쳐도 만족할 줄 모르는 마음 때문이 아닐까?

오래전 가까운 선생님이 제자의 결혼식 주례를 맡으셨다. 그분은 주례 말씀에서 오랫동안 지켜봐 온 신부를 다음과 같이 소개하였다.

"더 보탤 것도 뺄 것도 없이, 한결같은 사람입니다."

나 역시 그 신부가 한 사람의 배우자로서 얼마나 훌륭한 자격을 지니고 있는지 익히 알던 터였다. '한결같다'는 말에 딱 맞는 그런 심성을 지닌 사람이었다. 그런데 그 사람됨을 소개하면서 이런저런 장점을 과장하는 대신 '더 보탤 것도 뺄 것도 없이'라는 한마디로써 오히려 그 사람 됨됨이를 잘 전달할 수 있었던 것이다.

기업 홍보에서 회사 모토를 만드는 기본 수칙 중 하나가 '최고, 최대'와 같은 과장된 표현을 앞세우지 말라는 것이라고 한다. 우리 주변에는 지나치게 과장된 말들이 넘치고 있다. 결국은 우리의 마음에서 비롯되는 것이겠지만, 좀 더 겸손하고 조용한 언어문화가 만들어졌으면 한다.

즐겁게 보내시길
바랍니당~

언젠가 영화 '킬 빌'을 다시 보다가 혼자 '피식' 웃은 적이 있다. 우마 서먼이 분한 서양인 전사 '한나'와 루시 리우가 분한 일본인 무사 '요렌 이시이'가 칼을 들고 목숨을 건 결투를 벌이는 장면이다. 한나를 향해 '서양인이 일본도를 제대로 쓰겠느냐'며 비웃던 요렌 이시이는 상대의 공격에 다리를 베이고 나서 "널 비웃어서 미안해"라고 말한다.

죽고 죽이는 냉혹한 결투의 순간, '미안해'의 반말체는 참 어울리지 않는다. 반말은 자녀가 부모에게도 쓰듯이 친밀감을 담고 있는 말이기 때문이다. 유명 영화라서 번역본이 여럿 있는지 애초에 보았던 영화는 "비웃었던 것을 사과한다"의 해라체였던 것으로 기억한다. 그리고 이것이 훨씬 자연스러운 표현이다.

'미안해'와 '사과한다'가 지니는 어감의 차이처럼 우리말 어미는 미묘하고도 섬세한 의미로 분화된다. 그래서 국어 화자들은 이 어미가 지니는 맛을 잘 활용하여 다양한 감정을 표현한다. 한때 인터넷에서 유행했던 '아냐세여, 가세여'처럼 '-세요'를 변형한 '-세여', 나아가 '가세염'처럼 '-세염', '물어보삼'처럼 '-삼' 등의 표현들은 이러한 국어 어미의 기능적 특성을 잘 보여 준다. 기존의 어미만으로는 만족하지 못한 대중이 새로운 표현 욕구에 따라 생산한 말들인 것이다. 요즘은 SNS로 주고받는 학생들과의 대화 속에서 '~용, ~당'이라는 표현을 자주 볼 수 있다.

"알겠어용~"

"고마워용^^"

"즐겁게 보내시길 바랍니당~"

"감사합니당."

필자는 이 'ㅇ'을 덧붙이는 어미들에서 친밀감을 느끼고 대화 상대의 즐거운 감정을 읽는다. 이른바 문법 파괴의 표현이고, 그래서 필자도 한때 이런 말의 쓰임을 우려하는 짧은 글을 쓰기도 했다. 하지만 달리 생각하면 친밀한 느낌을 준다는 점에서는 효과적인 표현이라고도 할 수 있다. 역설적이지만 국어 문법을 일탈한 이러한 표현에서 오히려 국어의 장점을 엿볼 수 있는 것이다. 언어 표현 자체의 격식성 여부보다는 그 표현에 담긴 의도가 더 중요하다는 생각이 든다.

어느 마을의
시화전

담양의 죽녹원에 갔던 적이 있는데, 정작 그 아래 동네의 모습이 눈길을 끌었다. 마을 어귀에는 동네 어른들의 타일 공예 작품이 전시되어 있다. 그림도 그리고, 글씨도 써 놓았는데 그 말들이 재미있다.

"안그라요? 긍께 우리 영감하고 나만 적을라요. 허어~"

"여기는 지금 딸애랑 손지들이여, 근디 얘네들만 적어주믄 아들네가 서러라하제."

"비오고 해뜬께 무지개도 있는거여."

"화가믄 여기 있것어? 잘그리믄 요놈으로 입에 풀칠허제."

아마 한글을 갓 배운 분도 계시는 모양으로 맞춤법이 제멋대로인 것도 좀 있다. 그런데 모두 평소 쓰는 말을 그대로 글자로 옮겨놓은 것이었다. 짧은 문구지만 한평생 살아온 모습과 고장의 정감이 그대로 묻어나는 글들이었다. 하늘 아래 한 동네에 펼쳐진 작은 시화전이었다.

이런 것이 말의 아름다움이 아닐까 싶다. 한평생 써 오던 고향 말로, 나무 그늘 아래 모여서 주고받던 일상어 그대로, 아무런 가감 없이 왁자지껄 살아가는 이야기를 전하는 것. 그것은 그대로 그림이 되고, 시가 된다. 마을을 찾아온 관광객들에게 이 이상 고장의 멋과 정을 전달할 수 있는 좋은 방법이 있을까.

집집마다 이름표도 예쁘게 붙이고, 손자손녀들의 동시 작품도 벽에 내걸어 붙이고, 한두 마디 자신들의 명언(?)도 내붙인 마을. 그곳에서 말은 아름다운 꽃을 피운다.

요즘은 아파트 이웃 간에 말이 없어져 버렸다고 한다. 아니, 오히려 아이들 뛰노는 소리에 시끄럽다, 공중도덕을 안 지킨다 하면서 서로 언성을 높이기도 한다. 말이라고 하는 좋은 선물을 함부로 쓰는 모습이다. 집집마다 예쁜 말도 내걸고, 좋은 말만 하는 그런 언어문화를 꿈꾸어 본다.

세상에서
가장 고운 말

한 인터넷 사이트에서 '세상에서 가장 고운 말?'이라는 제목을 보게 되었다. 뭔가 특별한 말이 있나 싶어 잔뜩 기대를 하고 읽어 보았는데, 의외로 '고맙습니다', '사랑합니다'라는 평범한(?) 답이 달려 있었다. 약간의 허탈감까지도 느껴졌다.

그런데 곱씹어 보면 '참 그렇구나'라는 생각이 든다. 가장 귀하고 아름다운 것은 특이한 것이 아니라 가장 평범한 것일 수 있다. 전래 동화 중에 사윗감 구하러 간 쥐 이야기도 그렇다. 사랑하는 딸을 위해 가장 훌륭한 사윗감을 구하러 나선 쥐가 하늘·바람·구름·바람·은진미륵을 차례로 만나지만, 결국은 흔하고 보잘것없다고 여겼던 '쥐'가 가장 훌륭한 사윗감이라는 걸 알게 되는 것이다.

김수환 추기경의 선종 말씀도 "고맙습니다. 서로 사랑하세요"였다. 이해인 수녀는 '사랑합니다'는 하늘의 노을빛, '고맙습니다'는 푸르른 소나무 빛과 같다고 하였다. 너무나 일상적인 말이지만, 알고 보면 참 귀하고 빛나는 말이다.

이런 말만 고운 것이 아니다. '병신'이라는 말은 누구나 좋지 않게 생각하지만, 이 좋지 않은 말을 법정 스님이 한 수필에서 쓴 적이 있다. 기억을 더듬어 찾아보니 '미리 쓰는 유서'라는 수필인데, 이 글에서 스님은 선의지에 반한 과거 중1 때의 행동을 돌아본다. 당시 스님은 동무들과 어울려 한 팔이 없고 말을 더듬던 한 엿장수의 엿을 몰래 빼돌리고는 했던 것이다. 그 일을 두고 스님은 "그가 반병신이었다는 점에서" 자책감은 지워지지 않고 더욱 생생하다고 참회하고 괴로워한다.

매우 오래전에 읽은 글이라서 제목도, 내용도 다 잊었으면서도 이상하게도 이 '반병신'이라는 표현만은 오랫동안 기억 속에 남아 있었다. 전혀 감추는 게 없는 이 직설적인 표현에서 사람에 대한 스님의 뜨거운 연민이 느껴져서일 것이다. 이렇게 '병신'이라는 말조차도 공감의 마음이 담기는 순간, 비하의 뜻은 사라지고 고운 말이 된다. 말의 아름다움은 결국 마음에 달려 있는 것 같다.

인터넷 시대에
돌아보는 속담

'말'에 관한 속담은 참 많다. 우리 생활에서 말이 그만큼 중요하기 때문일 것이다. 표준국어대사전에 올라 있는 북한 속담까지 더하면 200여 개는 족히 된다.

그 가운데 누구나 알고 있는 것으로 '가는 말이 고와야 오는 말이 곱다'라는 속담이 있다. '오는 말이 고와야 가는 말이 곱다'라고도 하지만 꼭 같지는 않다. 상대방이 먼저 말을 곱게 해야만 나도 고운 말을 하겠다는 것보다는 '내가 먼저' 고운 말을 하는 것이 좋은 말하기일 것이다.

'말이 고마우면 비지 사러 갔다가 두부 사온다'라는 속담도 있다. 가는 말이 고우면 상대방도 고맙게 생각한다. 말을 잘해서 경제적 이득을 얻는 기쁨을 말하는 건 아니다. 상대방이 비지 대신 두부를 줄 정도로 고운 말은 상대방을 감동시킨다는 뜻이다.

고운 말을 강조한 속담으로 '비단 대단 곱다 해도 말같이 고운 것 없다'도 있다. '대단'은 중국에서 나는 비단의 한 종류이다. 비단보다 더 고운 게 말이니, 사람 마음씨에 따라서 얼마든지 말로써 남의 마음을 움직일 수 있다는 뜻이다.

북한에는 '말이 마음이고 마음이 말이다'라는 속담도 있다. 흔히 말은 그 사람의 얼굴이라고 한다. 말로써 내가 어떤 사람인지 드러나므로 나 자신을 소중하게 생각한다면 말을 곱게 해야 한다는 뜻이 담겨 있다.

이렇게 우리말에는 고운 말의 중요성을 가르쳐 주는 속담들이 많다. 하루가 멀다 하고 인터넷에 '악플'이 쏟아지고 있는 요즘, 우리 조상들은 이미 이 시대를 예견하고 이렇게 고운 속담을 준비해 두었던 것일까.

막말의 사회를
돌아보며

█ ███ ███ ███/██

'막사발'은 막 만든 사발이다. 모양도 비뚤고 유약도 그냥 막 흘러
내린 모양이다. 서민들의 밥그릇, 국그릇 등 생활용품으로 만든 평범
한 그릇이다. 그래서 '거칠다, 품질이 낮다'는 뜻의 접두사 '막-'이 붙
는다.

그런데 이 막사발은 오히려 그 소박함 때문에 높이 평가된다. 그
래서 오늘날 매우 뛰어난 미적 가치를 지닌 예술품으로 대접받는다.
'상사발'이라고도 하듯이 보잘것없다는 뜻의 '막그릇'이 높은 가치를
지닌 말로 탈바꿈한 것이다.

하지만 같은 '막-'이 결합한 말이라도 '막말'은 절대로 그와 같이
변할 수 없다. "경비 주제에", "얼굴도 못생긴 게"처럼 그저 나오는
대로 함부로 하는 속된 말일 뿐이다. 최근까지도 "못생겼으니 공부라
도 열심히 해야지", "죽은 딸 팔아 출세했다"와 같이 우리 사회는 끊

임없이 막말 논란이 이어지고 있다. 어떤 정치인은 노동 조건 개선을 요구하는 급식 조리 종사원 등을 가리켜 "아무 것도 아니다. 그냥 급식소에서 밥하는 아줌마다"라고 말하기도 했다.

이런 '막말'에는 이기심이 담겨 있다. 대부분 기초적인 도덕 지식만 갖고도 충분히 선악을 판단할 수 있는데도 터무니없는 조롱을 하고 비난을 한다. 도덕적 기준은 버려 둔 채 남의 고통은 알 바 없다는 지극히 이기적인 마음에서 막말을 한다.

'막사발'은 이와 다르다. 만든 장인도 남을 위해 만든 것이고, 그릇도 제 자신을 사람들의 편의를 위해 제공한다. 이렇게 이타심이 있기에 '막사발'은 긍정적인 말로 변화할 수 있다. 그래서 남의 처지를 한번 더 생각해 보는 사회가 되면 좋겠다. 자기중심적으로만 생각지 말고, 다른 사람의 행복도 생각하며 말을 하자. 그러지 못한다면 그 자신이 '막사람'이 될지도 모를 일이다.

접두사 '처–'의 시대

접두사 '처–'가 갑자기 많이 쓰인다.

- 비를 처맞고
- 실수로 처날리고
- 옷을 처사고
- 계란을 처던지고

위 예들뿐만 아니다. '처때리다, 처잡다, 처죽다, 처신다, 처입다, 처던지다' 등 다양하게 나타나고 있다. 국어사전에서 '처–'가 결합한 동사는 스무 개를 넘지 않는데, 갑자기 그 몇 배로 늘어나 버린 느낌이다.

이 '처–'가 붙은 말은 '마구, 많이'의 뜻에 더하여 '처먹다, 처마시다'처럼 어떤 행동을 비하하여 속된 느낌을 준다. 하필 그런 점이 대중의 마음을 끌었나 보다. 어찌된 일로 좋은 말, 이쁜 말 다 놔두고 '처-'와 같은 거친 말에 빠져드는 것일까. 그 이면에는 현실에 대한 집단적 불안감이 자리 잡고 있는지도 모른다.

이 사회의 집단적 불안감이 갑자기 급속도로 '처-'의 증식을 일으키는 것 같다. 그러나 타인에 대해서든, 나에 대해서든 행동을 비하하여 표현하는 이 말은 좋지 않다. 이런 말을 쓰는 나는 타인으로부터도, 미래의 나로부터도 존중받기 어렵다. 인터넷을 통하여 새로운 표현이 빠르게 생산되고 전파되는 시대, 좋은 말이 그 주인공이었으면 한다.

욕설의 어원을
알고도 쓸까

몇 년 전 인근 지역의 해군 병사들을 대상으로 고운 말 쓰기 강연을 해 달라는 의뢰를 받은 적이 있다. 사실 필자로서는 딱히 이야깃거리도 없어 난감해 하고 있었는데, 전화한 정훈 장교가 병사들에게 욕설의 어원적 의미를 말해 주면 좋겠다고 제안했다. 그러면 효과가 있을 거라고.

아니나 다를까, 재미없고 따분한 강연을 조용히 듣고 있던 사병들이 욕설의 어원적 의미에 이르러서는 "아!" 하고 적극적인 반응을 보였다. 단순히 '그렇구나', '재미있네'가 아니라 '쓰면 안 되는 말이구나' 하는 느낌의 반응이었다. 욕설에는 '씨×, 제기랄, 니미럴' 등 성적인 비하, 근친상간적 의미가 어우러져 있는 것이 많은데, 그 뜻을 생각한다면 입에 담기 어렵다. 그 교육의 묘안을 정훈 장교는 알고 있었던 모양이다.

그 어원처럼 욕설과 비속어에는 독성이 강한 마음이 들어 있다. 독이 든 음식을 모르고 먹는다고 몸이 상하지 않는 것은 아니다. 길거리에서, 버스 안에서 재잘거리는 청소년들의 대화의 태반이 욕설이라는 보도를 보면, 그들의 건강한 성장을 위해서도 고운 말 교육은 필요하다는 생각이 든다. 과학적인 근거는 잘 모르겠지만 날마다 욕을 들은 화초는 시들어 죽고, '사랑해'라는 칭찬의 말을 들은 화초는 싱싱하게 자랐다는 실험도 있다.

물론 욕이 꼭 나쁘다고만 할 수는 없다. 욕을 통해 억눌린 감정을 풀 수 있고 카타르시스도 느낄 수 있다. 화를 참으면 오히려 병이 된다고 하니 때로는 욕도 필요하다. 우리 탈춤극의 대사만 보더라도 욕으로 가득 차 있다. 그러나 그 욕들은 해학과 웃음을 느끼는 욕이요, 모나지 않은 욕설이다.

이와 달리 오늘날 넘쳐나는 수많은 욕설은 남을 해치는 욕설이다. 센터나 백화점의 직원 등 이른바 감정 노동자의 상당수는 고객의 욕설로 인해 우울증과 불안 장애에 시달리고, 심지어 자살 충동까지 느낀다고 한다. 오죽하면 이를 금지하는 법까지 만들었을까 싶다.

남을 해치는 욕설은 결국은 나까지 병들게 만들고 만다. 언어의 건강, 나의 건강, 나아가 우리 사회의 건강을 되찾아야 할 때이다.

무섭고 우울한 말
'스몸비'

회사원 K씨는 지하철 계단을 내려가면서도 스마트폰을 본다. 지하철을 타면서도, 지하철을 빠져나오면서도 스마트폰을 본다.

이렇게 걸어가면서 '스마트폰'을 들여다보는 사람을 '스몸비'라고 한다. 그 모습이 꼭 '좀비(움직이는 시체)' 같다고 해서 붙은 이름으로, 두 말의 일부를 따서 만든 신조어이다. 요즘 바깥 세상과 떨어져 스마트폰의 작은 화면 속에 몰입해 버리는 경우를 흔히 볼 수 있는데, 스몸비는 이를 우려하는 뜻에서 나온 말이다. 필자도 종종 스몸비가 되고는 한다.

'덕후'라는 말도 있다. 바깥 세상과 단절된 채 자기만의 세계에 빠져 사는 사람을 가리키는 일본어의 '오타쿠ぉたく'가 국어에 들어왔고, 다시 우리말 식으로 '오덕후'가 되었다가, '덕후'라는 말로 줄어든 것이다. 요즘은 '덕'을 따서 '축덕(축구 덕후, 즉 축구에 빠져 있는 사람),

야덕(야구 덕후)'과 같은 새말을 만들기도 하고, 그러한 전문가 수준의 능력을 가리켜 '덕력'이라고도 한다. 부정적인 의미에서 꽤 긍정적인 의미로까지 나아간 셈이다.

신조어들은 그 시대 사회상을 잘 보여 준다. '스몸비', '덕후' 또한 오늘날 우리 사회의 모습을 너무나도 잘 보여 주는 말들이다. 한층 전문화되어 가면서도, 한없이 폐쇄화되고 개인화되어 가는 사회의 모습을 이 신조어들에서 볼 수 있다. 더욱이 그 이면에는 젊은이들의 우울한 현실마저 엿보인다. '스마트'와 '좀비', 이 기묘하고도 모순적인 결합이 능력은 있으나 현실의 벽에 좌절하는 이 시대 젊은이들의 고뇌를 상징하는 듯하다.

2장

국어를 잘하는 사람이 인정받는다
우리말의 어법

'태양의 후예'가
군대 문화를 바꾸나

얼마 전 군대를 배경으로 한 드라마 한 편이 화제였다. 그리고 그 드라마의 주인공들이 쓰는 말투 '-지 말입니다' 역시 한동안 곳곳에서 쉽게 보고 들을 수 있을 정도로 유행어가 되었다.

"최고의 제품이지 말입니다."

"역시 봄에는 꽃구경이지 말입니다."

"오늘 일찍 퇴근하지 말입니다."

이 '-지 말입니다'는 군대의 화법에서 왔다. 군대에서 해요체를 못 쓰게 하기 때문에 '-지요'와 같은 말 대신 '-지 말입니다'가 쓰였다는 것이 통설이다. 지금은 그 쓰임이 줄었다고 해도 한동안 군대에서 이 말투가 상당 기간 사용되었다. 이 군대식 화법이 드라마를 통해 일반 사회에 전파되어 일시에 유행어가 된 것이다.

그런데 이 화법의 확산에 대한 우려의 목소리도 적지 않다. 우리말의 어법에 맞지 않는 표현이기 때문이다. 일리 있는 지적이다. 다만 유행어는 말 그대로 유행어일 뿐이다. 잠깐의 시간이 지나면 어느덧 기억 저편으로 사라진다. 또 유행어는 지루한 언어생활에 양념 구실을 하는 장점도 있다. 그러니 조금은 너그러운 마음으로 볼 수도 있을 것이다.

더구나 이 '-지 말입니다'의 유행이 잘못된 병영 언어를 개선하는 계기가 될 것도 같다. 한 뉴스에 따르면 국방부는 병영 언어문화 개선 지침을 제시했다고 한다. 이른바 '다나까' 말투만 너무 고집하는 것이 아니라, 상황에 따라 '해요'체를 쓸 수 있도록 한 것이다. 공교롭게도 이러한 개선 지침이 나온 때가 화제의 드라마 첫 방영일과 같은 날이다.

병을 앓고 나면 건강한 면역력이 생긴다. 그렇듯이 어법에 어긋난 말투 '-지 말입니다'의 유행이 뜻하지 않게도 군대의 경직된 언어문화를 치료하는 좋은 약이 되지 않을까 싶다.

'하실게요'는
틀린 표현

한번은 동네 병원에서 수액을 맞은 적이 있다. 얼마 후 간호사가 간단히 상태를 물어보면서 주삿바늘을 빼 주었다. 필자는 침대에 누운 상태라 그저 귀로만 듣고 대답했는데, 간호사가 바늘을 꽂았던 자리를 누르면서 "꼭 누르실게요. 좀 있다가 반창고 붙여 드릴게요"라고 말하는 것이었다.

그래서 곧 반창고를 붙여 주겠거니 하면서 가만히 있었더니, 간호사가 "여기 눌러 주세요"라고 재차 말하는 게 아닌가. 그제야 팔에 댄 지혈용 솜을 누르라는 뜻이었음을 깨달았다. 주사 맞을 때면 흔히 하는 일인데도 미처 생각지 못한 이유는 '꼭 누르실게요'를 간호사가 누르겠다는 뜻으로 오해한 데 있었다. 흔히 '-ㄹ게요'를 청자에게 명령하는 뜻으로도 쓰는데 순간적으로 이를 간호사 자신이 무언가 하겠다는 뜻으로 받아들였던 것이다.

이 '하실게요' 식의 표현은 직접적인 명령을 피하여 고객을 대우해 주려는 의도에서 사용하는 것이다. 그러나 "저쪽으로 가실게요", "여기 앉으실게요", "이쪽 문으로 나가실게요"와 같은 표현에서 대접받는다는 만족감보다는 뭔가 어색하고 불편한 느낌만 남는다. 더욱이 앞서 간호사는 '누르실게요'에서는 명령의 뜻으로, '붙여 드릴게요'에서는 의지의 뜻으로 말하였으니 듣는 이로서 혼란스럽기까지 하다.

'-ㄹ게요'는 "곧 연락할게", "먼저 갈게"처럼 약속이나 의지를 나타내는 말이다. 그러므로 명령의 뜻으로 '하실게요'라고 말하는 것은 옳지 않다. 당연히 "꼭 누르세요", "저쪽으로 가세요", "여기 앉으세요", "이쪽 문으로 나가세요"와 같이 표현해야 한다. 이와 같이 명확하게 말하는 것이 오히려 더 친절한 화법이다.

'-도록 하겠습니다'는
'하겠습니다'로

'-도록 하겠습니다'는 나름대로 쓰여야 할 때도 있지만, 때로는 번거롭게 느껴지는 표현이다. 아래 예들이 그렇다.

> "기한 내에 자료를 제출하도록 하겠습니다."
> "제가 한번 말해 보도록 하겠습니다."

이 표현들은 '제출하겠습니다, 말해 보겠습니다' 정도면 충분하다. 물론 문맥에 따라 '-도록 하겠다'가 어울리는 경우도 있지만, 꼭 그런 이유가 없다면 간결하게 쓰는 게 좋다.

'제출하도록 하겠습니다'는 분명하게 '제출하겠습니다'라고 하는 것보다 한발 물러선 느낌이다. 자신의 말대로 하지 못할 염려도 있으므로, 단정하여 말하는 데 따른 부담을 최소화하려는 태도가 엿보인다. 말이 길기도 하지만, 이렇게 뜻이 선명하지 못하니 번거롭게 느껴지는 것이다.

물론 이 표현도 필요하다. 정말로 시간에 쫓기는 상황이라면 "제시간에 도착하겠습니다"보다는 좀 더 완곡하게 "제시간에 도착하도록 하겠습니다"가 적절할 것이다. 이런 경우는 한발 물러선다기보다는 쉽지 않은 상황에서 나름대로 애쓰겠다는 의미가 느껴진다.

이런 어감의 차이가 엄격히 구별되는 것은 아니지만, 상황을 잘 가려서 '-도록 하겠습니다'를 습관적으로 쓰지는 않았으면 좋겠다. 말할 때는 잘 느끼지 못하지만, 글로 써 놓으면 꽤 번거롭게 느껴질 때가 많다. 간결하고 분명한 표현이 낫다.

'같아요'라는
추측성 표현에 대하여

오래전 '같아요'라는 말이 유행할 때 걱정하는 목소리들이 많았다. 자신의 의견을 단정하여 말할 자리에서조차 추측하듯이 말한다는 것이었다. 이 진부한 주제를 여전히 말해야 하는 것이 안타깝다. 다수가 오래 쓰면 나름대로 자연스러운 국어 표현으로 인정받는 것이 보통인데, 이상하게 이 '같아요'는 여전히 부적절해 보인다.

- 옥상이라고 하면 위험하고 아이들을 못 가게 하는 그런 공간이었는데 카페처럼 꾸며 놓으니까 공기도 좋고요, 답답한 마음도 풀리고 음료수도 마실 수 있어서 굉장히 <u>좋은 거 같아요.</u> (시민 1)
- 옥상은 위험하지 않고 아이들이 놀기도 좋고 저희 엄마들끼리도 모여서 이야기하기도 좋고 두 가지를 같이 할 수 있는 게 너무 <u>좋은 거 같아요.</u> (시민 2)

옥상을 정원으로 꾸미는 새로운 문화를 소개하는 뉴스의 한 장면이다. 인터뷰에 응한 시민들은 약속이나 한 듯이 똑같이 '같아요'라고 한다. 그냥 '좋다'라고 말하면 될 것을 '좋은 거 같아요'라고 말하니 그 '좋은' 느낌이 산뜻하게 와 닿지 않는다.

'같아요'는 물론 완곡한 표현이라는 미덕도 있다. 상대방과 반대되는 의견을 말하면서 "색깔이 좀 안 맞는 것 같아요", "검토안이 문제인 것 같아요"라고 말하는 것은 상대방을 배려하는 말하기다. 그러나 위 예는 그런 상황이 아니므로 자신의 느낌을 분명하게 표현하는 것이 좋다.

이 점에서 같은 뉴스의 또 다른 화자의 말을 살펴보자. '힐링되는 것 같아요'보다는 더 와 닿는 표현 아닌가.

- 매일 사무실에서 일만 하다가 이렇게 옥상이라는 곳에 와서 회식을 해 보니까 마치 산에 놀러 온 거 같고 하늘과 가까운 느낌이어서 마음이 탁 트이고 힐링되는 기분이에요. (시민 3)

가려 써야 할
'~더라고요'

기업체의 채용 면접 사례에서 '~해요', '~하더라고요'와 같은 말투 때문에 불합격된 경우가 있다고 한다. 면접관마다 기준이 다르겠지만, 말은 중요한 기준의 하나인 것이다.

우리말에서 '해, 해요'는 비격식체, '합니다'는 격식체에 속한다. 면접 자리는 아무래도 공식적이고 격식을 갖추어야 할 자리이다. 비록 일상에서 '해, 해요'를 주로 사용한다고는 하지만, 면접 자리라면 '합니다'로 말하는 것이 바람직하다. 그러므로 면접관에게 말할 때 '안녕하세요'보다는 '안녕하십니까', '고마워요'보다는 '고맙습니다'가 어울린다.

'~하더라고요'(흔히 '~하더라구요'라고 말한다)가 잘못된 말이라는 것은 아니다. '~더라고요'는 나름대로 쓰임이 있는 말로서, 직접 경험하여 새로이 알게 된 사실을 청자에게 강조하여 일러 주는 뜻이 있다.

"회사 홈페이지를 봤는데, 정말 좋더라고요."

이 '좋더라고요'는 '좋데요', '좋더군요'보다는 감탄의 느낌이 더 생생하게 느껴진다. 무엇보다도 젊은 층에서 즐겨 쓰는 표현이라는 점에서 독자적인 영역을 갖고 있는 표현이다.

그래도 격식적인 자리라면 이 말을 피하는 것이 좋다. 그럼 어떻게 말해야 할까? '좋데요', '좋더군요', '좋던데요' 등이 있으나 모두 해요체라는 점에서 어느 것도 마땅치 않다. 어쩌면 '~더라고요'가 지닌 생생한 의미가 격식적인 자리에는 별로 어울리지 않는 것인지도 모른다. 따라서 격식적인 자리에서는 '좋았습니다' 정도로 무난하게 말하는 것이 최선일 것이다.

자리에 따라서 수수하고 단정한 옷차림이 어울리듯이, 말도 때로는 단순한 표현이 좋을 때가 많다. 무엇보다도 시간, 장소 등 상황에 따라서 적절한 말을 골라 쓰는 지혜가 필요하다.

'~이 되겠습니다'는
'~입니다'로 명쾌하게

유행이 지났지만 "만 원입니다"를 다소 익살스럽게 "만 원 되시겠
습니다"라고 말하기도 했다. 이 '~이 되겠습니다'라는 표현은 의외로
지금도 많이 쓰이고 있다.

- 무엇보다 중요한 것은 신도시 중심 상권의 마지막 자리라는 <u>점이 되
  겠습니다.</u>
- 주차장이 넉넉한 것도 <u>장점이 되겠습니다.</u>

이러한 표현은 개인 글에서뿐만 아니라 보도문에서도 발견할 수
있다.

- 분명한 점은 글로벌 기업들의 투자는 이미 굉장히 활발하게 이루어

지고 있다는 점이 되겠습니다.

- 문제는 이제 12월 26일 부로 3년 된 아베노믹스 기간 내내 이 같은 흐름이 계속되고 있다는 점이 되겠습니다.

- 한낮에 따뜻할 때는 창문을 열어서 충분히 환기를 시켜 주는 것도 식물 건강 관리에 상당히 중요한 점이 되겠습니다.

문법적으로는 문제가 없다고 해도, 꼭 그렇게 표현해야 할 이유도 별로 없다. '~입니다'로 간결하고 명쾌하게 표현하는 것이 더 나을 것이다. 특히 뉴스는 객관적이며 정확한 정보 전달을 생명으로 삼는다. 당연히 불필요한 표현은 덜어내는 것이 좋다.

모든 표현에는 나름대로 이유가 있지만, 그것이 지나치면 때로는 더 중요한 것을 잃어버릴 수 있다. 뉴스라면 '중요한 점이 되겠습니다'보다는 '중요한 점입니다', '중요합니다'가 훨씬 더 적합한 표현이다.

'키'는 쥐는 것이 아니라
잡는 것

'키를 쥐고 있다'라는 표현을 종종 쓴다. 예를 들어 "그가 이번 문제 해결의 키를 쥐고 있다"라고 하면, 그가 문제를 해결하는 데 가장 핵심적인 방안을 갖고 있다는 뜻이 된다. 이 경우 '열쇠를 쥐다'라는 말로 표현할 수 있다. 이 '키'는 외래어 '키key'이다.

그런데 다음 예는 정확지 못한 표현이다.

- 국가라는 배의 키를 쥐고 있는 ○○○ 대통령. (×)
- 중국이 변화의 방향키를 쥐고 앞서가고 있는 상황에서……. (×)

이때의 '키'는 열쇠를 뜻하는 말이 아니라 배의 방향을 조종하는 도구인 키이다. 흔히 영화 등에서 보듯이 둥근 원 모양으로 되어 좌우로 돌릴 수 있게 되어 있는 것이다. 이것은 '키를 쥐다'가 아니라

'키를 잡다'라고 표현한다. 조타수, 즉 키를 조종하는 사람을 다른 말로 '키잡이'라고 한다. 그렇듯이 위 예는 '키를 잡고'라고 표현하는 것이 자연스럽다. 아마 '키'의 정확한 뜻을 알고 있었으면 틀리지 않았을 것이다.

이와 같이 그 정확한 말뜻을 제대로 생각지 않고 쓰는 예로 '운명을 달리하다'도 있다.

- 그는 운명을 달리하였다. (×)

죽음을 나타내는 표현으로는 '운명하다, 유명을 달리하다'가 있는데, 위 예는 '운명, 유명'의 정확한 뜻을 모르고 이상하게 뒤섞어 쓴 것이다. '운명殞命'은 '목숨을 다하다'라는 뜻이고, '유명幽明'은 '어둠과 밝음' 곧 '저승과 이승'을 뜻하는 말이다. '유명을 달리하다'는 곧 '어둠과 밝음을 달리하다'는 것이니 죽음을 나타낸다.

이처럼 뭔가 비슷한 표현이어서 혼동하는 경우들이 종종 있다. 어떤 책에서 '계약서를 체결하다'라는 표현을 본 적이 있는데, '계약을 체결하다'라는 말에 이끌린 것이다. 조금만 생각해 보면 계약서는 '작성'하는 것이고, 계약은 '체결'하는 것임을 쉽게 알 수 있다.

'마음이 놓이다'를 '가슴이 놓이다'로 쓰는 것도 마찬가지다. 의미가 비슷하면 습관적으로 그냥 써 버리는 탓에 생긴 문제이다. 그러므로 글을 쓸 때는 스스로 '정확한 표현'을 쓰고 있는지 한 번씩 확인해 볼 필요가 있다.

담배는 피는 것이 아니라
'피우는' 것

'담배를 피다, 바람을 피다'라는 표현을 자주 쓴다. 이 '피다'는 '피우다'의 잘못으로, '담배를 피우다, 바람을 피우다'로 써야 한다.

'피다'는 왜 잘못된 말일까? 이 말은 '불이 피다, 연기가 피다'처럼 자동사이기 때문에 '담배를 피다'처럼 목적어와 함께 쓰일 수 없다. 비슷한 예로서 '새다'도 목적어를 취하지 않는 자동사이므로 '밤을 새다'는 잘못된 표현이고 '밤을 새우다'라고 해야 한다. 이상은 표준국어대사전의 설명이다. 당연히 글을 쓰거나 말할 때 이 사전의 설명대로 '담배를 피우다', '밤을 새우다'로 써야 한다.

다만 '담배를 피다', '밤을 새다'라고 말하는 사람도 적지 않은데, 이 말도 표준어가 될 수는 없을까. '담배를 피다'의 '피다'가 자동사라면 이는 당연히 잘못된 표현이지만, 한국어를 처음 배우는 외국인이 아니고서야 자동사 '피다'를 엉뚱하게 타동사 자리에 쓸 리가 없다. 이때 '피다'는 '피우다'의 준말로 보아야 할 것이다. 물론 역사적으로 '피다'는 자동사였고 그로부터 타동사 '피우다'가 만들어졌지만, 지금 사람들이 쓰는 '피다'는 이 '피우다'의 준말로 이해할 수 있는 것이다.

예를 들어 '끼우다, 외우다'에는 준말 '끼다, 외다'가 있다. 이 본말, 준말은 모두 표준어이다. 그래서 '단추를 끼우다, 글을 외우다'라고도 하고 '단추를 끼다, 글을 외다'라고도 한다. '띄우다, 재우다'의 준말은 '띄다, 재다'이다. 간격을 '띄워 앉다'라고도 하고 '띄어 앉다'라고도 한다. 고기를 '양념에 재우다'라고도 하고 '양념에 재다'라고도 한다. 사동 접미사가 들어 있다는 점만 다를 뿐 '우'가 줄어드는 것은 앞서의 '끼다, 외다'와 같다. 이런 말들은 그 준말이 모두 표준어로 인정된다.

이 예들처럼 '(담배를) 피다'도 '피우다'의 준말이고, '(밤을) 새다'도 '새우다'의 준말이다. 그렇다면 이 '피다, 새다'가 자기들도 표준어로 인정해 달라고 주장할 수도 있다. '(누명을) 씌우다, (냄비를) 때우다'의 준말 '씌다, 때다'는 잘 쓰이지 않는 말인데도 국어사전에 표준어로 올라 있다. 이 '씌다, 때다'조차 표준어로 대접받는 점을 생각하면 '피다, 새다'로서는 꽤 억울한 마음이 들지 모른다.

알고 나면 똑똑해지는
일상 표현들

말은 서로 어울리는 짝이 있다. 쉬운 예로 '옷'은 '입다', '신'은 '신다', '안경'은 '끼다'라고 한다. '안경을 입다'라고 할 수 없듯이 말의 짝을 잘 찾아 써야 한다.

다음은 권투 경기를 묘사한 신문 기사의 예이다.

> • 파퀴아오의 머리 쪽에서 <u>출혈이 나기</u> 시작했다. …… 그러면서 혼의
> 얼굴에도 <u>출혈이 일어나기</u> 시작했다. (×)

'출혈이 나다'라는 표현은 국어에 없다. '출혈이 되다'가 올바른 표현인데 '피가 나다'라는 표현과 뒤섞여 '출혈이 나다'라는 이상한 표현이 나온 것이다.

이와 같이 때로는 어떤 말에 어울리는 적당한 말이 잘 생각나지 않

을 때 대충 떠오르는 말을 쓰는 일이 있다. '팔을 딛고 일어서요', '팔을 잘못 디뎌'처럼 '팔을 딛다'도 그 예이다. '딛다'는 '발'과 어울리는 표현이므로 이 경우는 '짚다'를 써야 하고, 더 정확히는 '팔'이 아니라 '손'으로 짚는 것이므로 '손을 짚고 일어서요', '손을 잘못 짚어'라고 써야 한다. 서로 어울리는 말의 짝을 잘 찾아야 하는 것이다.

그런데 이 '손을 짚다'조차도 논란의 여지가 있다. 아래 예를 한번 보자.

• 출입문에 손을 짚지 마세요.

국어사전의 뜻풀이로 볼 때 이 '손을 짚다'는 잘못된 표현에 가깝다. '짚다'의 뜻풀이는 '바닥이나 벽, 지팡이 따위에 몸을 의지하다'로서, '지팡이를 짚은, 땅을 짚고, 목발을 짚는'과 같이 의지하는 대상인 '지팡이, 땅, 목발' 등을 목적어로 취하는 말이다. 이러한 뜻풀이에 따르면 위 예문은 잘못된 표현이며, '손으로 출입문을 짚지 마세요'라고 해야 한다. 앞서 고친 예 '손을 짚고 일어서요', '손을 잘못 짚어'도 '바닥을 짚고 일어서요', '바닥을 잘못 짚어'와 같이 써야 정확한 표현이 된다.

그런데 이 '손을 짚다'는 참 많이 쓰는 표현이다. 비슷한 예로서 '디디다'는 '계단을 디디다'라고도 하고, '발을 디디다'라고도 한다.

다음은 국어사전의 예문이다.

- 가볍게 계단을 디뎌도 삐걱거리는 소리가 났다.
- 그녀는 슬며시 발판에 발을 디뎠다.

즉 '발을 땅에 디디다'라고도 할 수 있고, '발로 땅을 디디다'라고도 할 수 있다. 대중은 '짚다'도 이와 같이 쓴다. '벽에 손을 짚고', '바닥에 손을 짚은'처럼 '손을 짚다'는 매우 일상적인 표현이다. '손짚고 뛰어넘기, 손짚고엎드리기' 등 운동 용어에서도 '손을 짚다'라는 표현을 볼 수 있다. 이와 같이 현실적으로 널리 쓰이는 '손을 짚다'를 올바른 표현으로 인정해 주는 것이 좋겠다는 생각이 든다. '땅 짚고 헤엄치기'는 '손 짚고 헤엄치기'가 될 수도 있지 않을까.

햇빛 잘 드는 집

F NII \NII NIII NII

• ○○ 잘 드는 창가

위 예문의 빈자리에 들어갈 말로 '햇빛'이 옳을까, '햇볕'이 옳을
까? '햇빛, 햇볕'을 정확히 구별하여 써야 한다는 생각에 사로잡히면
둘 중 하나만 옳다고 생각하기 쉽다. 그러나 사실 둘 다 올바른 표현
이다.

물론 '햇빛'과 '햇볕'은 구별되는 말이다. '햇빛'은 '해의 빛'이다.
반짝이는 빛을 상상하면 된다. 반면에 '햇볕'은 '해가 내리쬐는 기운'
이다. 따뜻한 기운을 상상하면 된다. 이렇게 '햇빛'은 대체로 시각적
이고, '햇볕'은 촉각적이어서 어울리는 말도 다르다. '햇빛'은 '비치
고, 밝고, 눈부신' 것이며, '햇볕'은 '쬐고, 따사롭고, 뜨거운' 것이다.
그래서 '햇볕에 타다, 그을리다'라고 한다. '타다'라는 말 자체가 열과

관련되는 것이니 당연히 '햇볕'이 어울리는 것이다. '선크림'도 우리 말로 다듬는다면 '햇볕크림'이 될 것이다.

이렇게 두 말은 그 쓰임새가 뚜렷이 구별된다. 오히려 그래서 'OO 잘 드는 창가'에는 어느 하나만 쓸 수 있는 게 아니라 의미에 따라 둘 다 쓸 수 있다. '햇빛'이라고 할 때는 창가에 빛이 드는 상황을 가리키는 것이고, '햇볕'이라고 할 때는 그 빛으로 인한 따뜻한 기운이 감도는 상황을 가리키는 것이다. 창가에 식물을 내놓고 기르는 상황이라면 광합성 작용에 필요한 '빛'이 초점이 된다. 이때는 '햇빛이 잘 드는 창가'가 어울린다. 반면에, 고양이가 드러누워 졸고 있는 상황이라면 '따뜻한 기운'이 초점이 된다. 이 경우에는 '햇볕이 잘 드는 창가'가 어울린다.

집도 마찬가지다. 우리는 전통적으로 주거 환경에 관해서는 '볕', 즉 '햇볕'이라는 말을 썼다. 겨울의 추위를 견뎌야 하는 자연 환경에서 해의 따뜻한 기운이 무엇보다 중요하기 때문이다. 그래서 집을 고를 때 '볕이 잘 드네, 안 드네'라고 하여 '볕'이 중요한 기준이 되었다. 쥐가 사는 집조차도 '쥐구멍에도 볕 들 날이 있다'라고 하였다.

그런데 요즘의 아파트 문화는 다르다. 겨울에도 덥다는 말이 나올 정도로 난방 장치가 잘 되어 있다 보니 기운보다도 '빛'이 중요하다. 해가 잘 안 들면 추워서 꺼리는 것이 아니라 어둡다고 꺼리는 것이다. 그러니 집을 고를 때도 '빛'이 잘 드는지 아닌지가 중요한 기준이 된다. 오늘날에는 '햇빛이 잘 드는 집'이 인기 있는 것이다.

'햇빛'과 '햇볕'은 잘 구별해서 써야 하는 말이면서, 우리 삶의 문화까지 보여 주는 말인 듯하다. 어쩌면 오늘날에는 '쥐구멍에도 햇빛 들 날이 있다'라고 할 수 있을지 모르겠다.

글자는 '깨치고'
잘못은 '깨닫고'

흔히 "불과 다섯 살에 글자를 깨우쳤다", "뒤늦게 한글을 깨우치고"처럼 '글자를 깨우치다'라는 표현을 쓴다. 그런데 이와 같이 '깨달아 알다'는 뜻으로는 '깨치다'가 바른 말이다. 즉 이 예들은 '글자를 깨쳤다, 한글을 깨치고'라고 해야 한다.

'깨우치다'는 '깨달아 알게 하다', 즉 남으로 하여금 깨닫도록 한다는 뜻이다.

- 백여 명의 아동에게 한글을 깨우치고…….
- 동생의 잘못을 깨우쳐 주었다.
- 절 좀 깨우쳐 주세요.

이와 같이 '깨치다'와 '깨우치다'는 구별되는 말이다. "그는 스스로 글자를 깨쳤다"라고 하고, "아버지는 아들에게 글자를 깨우쳤다"라고 한다. 우리 한글은 '하루아침이면 깨우치는 글자'가 아니라 '깨치는' 글자이다.

이번에는 다음 예를 보자. 역시 '깨우치다'가 잘못 쓰인 경우이다.

- 동생이 자신의 잘못을 <u>깨우쳤다</u>. (×)

이 경우도 '동생이 자신의 잘못을 깨쳤다'라고 고치면 바른 표현이 될 것 같다. 그러나 '잘못을 깨치다'는 아무래도 이상하다. '깨치다'는 글자를 아는 경우처럼 어떤 이치를 깨닫는다는 의미가 있는데, 잘못을 아는 것은 그러한 의미와는 거리가 멀기 때문이다. 따라서 이 자리는 '깨치다, 깨우치다'가 아니라 '깨닫다'라고 해야 할 자리이다.

- 동생이 자신의 잘못을 <u>깨달았다</u>.

'실수를 깨닫다'를 '실수를 깨우치다'라고 하지 않듯이, '잘못을 깨닫다'도 '잘못을 깨우치다'라고 하지 않는다. 유독 '잘못을 깨닫다'의 경우 '깨우치다'라고 하는 이유는 궁금하지만('깨우치다'가 '깨닫다'와 '뉘우치다'와 혼성된 말인지도 모르겠다), 의미상으로 잘 맞지 않는 말이니 가려서 쓸 필요가 있다.

지나친 창의성의
오류

김해국제공항에서 수속을 마치고 나오다 보면 "야경이 맛있다"라는 광고 문구가 손님을 맞는다. 지역 도시 홍보 문안인데, 그 특이한 단어 조합이 눈길을 끈다. 그런데 사람에 따라서, 또는 한국어를 착실히 배운 외국인이라면 "어, '멋있다' 아닌가?" 하고 의아해 할지도 모른다.

국어사전을 보면 '맛있다'에는 '음식의 맛이 좋다'는 한 가지 뜻밖에 없다. 그런데 이러한 사전적 의미에서 벗어난 표현을 종종 볼 수 있다. 예를 들어 '맛있는 인생, 맛있는 여행, 맛있는 대한민국, 맛있는 음악회' 등은 인생이나 음악회가 음식이 아니라는 점에서 은유적인 표현들이다. 다만 이런 텔레비전 프로그램 등의 제목들은 맛 기행처럼 먹는 것과 관련된 내용들이어서 쉽게 그 연결고리를 이해할 수 있는 예들이다.

그러나 '야경이 맛있다'는 음식과 무관한 것이어서 더 확장된 용법을 보여 준다. '맛있다'가 '다채롭다, 즐겁다' 정도의 의미로 쓰이고 있는데, 이러한 쓰임은 '맛있는 공부', '맛있는 논술', '맛있는 중국어' 등과 같은 예들에서도 볼 수 있다.

이 '야경이 맛있다'를 어떻게 보아야 할까. 참신한 표현이라고 칭찬하는 사람도 있을 것이고, 우리말 어법에 맞지 않는 표현이라고 힐난하는 사람도 있을 것이다.

일단 사람들의 눈길을 사로잡는다는 점에서 이는 성공적인 표현이다. 하지만 '야경'과 '맛있다'의 조합은 아무래도 어색하다. 사전적으로 '맛있다'는 음식과 관련된 뜻만 지니고 있어서 이 문구는 오류로 여겨질 가능성조차 크다. 그 표현의 창의성은 공감되지만, 적어도 공공의 목적이라면 보다 정제되고 명확한 표현을 쓰는 것이 좋지 않을까.

'죄송한 말씀'과
'죄송하다는 말씀'은 다른 뜻

- ○○○께 <u>죄송한 말씀</u> 드립니다.

이 말은 무슨 뜻일까? 지금부터 미안한 말을 할 거라는 예고의 뜻일까, 아니면 '죄송합니다'라는 사과의 인사말일까?

말할 것도 없이 이는 지금부터 죄송한 내용의 말을 하겠다는 뜻이다. 즉 "죄송한 말씀 드립니다"라고 한 다음에는, 왜 죄송한지 구체적인 내용이 이어지고, 그런 다음 마지막에 사과의 인사말을 하게 된다. 이를테면 "죄송한 말씀을 드립니다. 내일 약속을 취소합니다. 죄송합니다"와 같은 식이다. 따라서 '죄송한 말씀 드립니다'는 '죄송한 말씀이지만', '죄송합니다만' 등과 비슷한 뜻을 지닌 표현이다. 아래는 그와 같이 쓴 예이다.

- 오늘은 <u>죄송한 말씀</u> 좀 올릴게요.
- <u>죄송한 말씀</u>을 드립니다. 다름이 아니오라······.
- 어쩌죠, 제가 오늘 <u>죄송한 말씀</u>을 올려요. 오늘부터 먼저 주문 주신 분들 배송 나가는 날인데······.

그런데, 이 '죄송한 말씀 드립니다'를 '죄송합니다'와 같은 사과의 인사말로 쓰는 경우를 종종 볼 수 있다. 아래 예들이 그런 경우이다.

- 배송이 지연되어 <u>죄송한 말씀</u>을 올립니다. (×)
- 이번 사건으로 <u>죄송한 말씀</u>을 드립니다. (×)

이런 경우에는 '죄송한'이 아니라 '죄송하다는'이 올바른 표현이다. 즉 '죄송하다는 말씀을 드립니다'라고 하거나, 아니면 간단히 '죄송합니다'라고 해야 한다. 비슷한 상황에서 둘 다 쓰이다 보니 혼란스러워진 것이겠지만, '죄송한 말씀'과 '죄송하다는 말씀'은 분명히 구분해야 할 말이다. 대부분 화자들은 잘 구별하고 있는 걸 보면 조금만 주의를 기울이면 될 것 같다.

문법은 이미
우리 머릿속에 있다

문법은 말로 설명하기 어려워서 그렇지 이미 우리 머릿속에 있다. 그 어려운 원리에 맞춰 자유자재로 말을 하는 것을 보면 쉽게 알 수 있다. 그래도 때로는 '말로 된 문법적 설명'이 도움이 될 때도 있다. 아래 문장을 보자.

- 이번에 한국을 <u>첫 방문했습니다.</u> (×)

이 문장은 어떤 문제가 있는 걸까? '첫'은 관형사로서 '첫 상품, 첫 우승'처럼 명사를 꾸며 주는 말이다. 그런데 '방문하다'는 동사이니까 '첫'이 꾸며 줄 수 없다. 즉 '첫 방문하다'는 '첫 만나다'처럼 이상한 표현이다.

그래서 '첫 방문을 했습니다'라고 고치면 '첫'이 명사 '방문'을 꾸며 주게 되어 문제가 사라진다. 다만 이렇게 하면 목적어 '한국을'에 필요한 동사가 없게 되어 역시 비문법적인 문장이 되고 만다. 그래서 동사 '방문하다'를 그냥 두고 '첫'을 다른 말로 고친다. 이 동사를 꾸며 주는 말로 부사 '처음'이 있다. 즉 '이번에 한국을 처음 방문했습니다'가 된다. 전혀 어렵지 않은, 누구나 아는 결론이다.

이제 비슷한 예를 하나 더 보자. 텔레비전 뉴스에서 쓰인 표현이다.

  • 아기 코끼리를 위해 우리를 <u>새 단장했습니다.</u> (×)

'새'는 '새 물건, 새 가방'처럼 명사를 꾸며 주는 말이다. 그러니 '단장하다'라는 동사를 꾸며 주는 말로는 적당치 않다. 이 동사를 꾸며 주는 말은 부사 '새로'이다. '아기 코끼리를 위해 우리를 새로 단장했습니다'라고 하면 바른 문장이 된다.

문법은 누구나 알고 있는 것이다. 그러므로 조금 무신경해서 잘못 쓴 문장들을 문법 지식에 따라 고치고 다듬는 일은 생각보다 재미있을 수 있다.

'그러고 나서'가
맞다

아래 문장의 밑줄 친 부분은 올바른 표현일까?

- 교원 평가제를 반대하는 논리적 근거부터 확인해야 한다. <u>그리고 나서</u> 그 주장을 비판하는 것이 올바른 태도이다. (×)

이는 올바른 표현이 아니다. '그러고 나서'라고 해야 한다. 밑줄 친 부분은 전체 문맥으로 보아 '그렇게 하고 나서'의 뜻이다. '그렇게 하다'가 줄어든 동사는 '그러다'이다. 이 말은 "그러지 마!", "그러는 너는 왜 못 했니?", "그러거나 말거나" 등처럼 흔히 쓰는 말이다.

이 '그러다'는 동사이기 때문에 '그러고 나서'와 같이 보조동사가 결합할 수도 있고, '그러고는, 그러고도'처럼 조사가 결합할 수도 있다. 즉 '먹고 나서'처럼 보조동사가 결합하거나, '먹고는, 먹고도'처럼 조사가 결합하는 것과 같다.

이와 달리 '그리고'는 '그러나, 그런데, 그러므로' 등처럼 문장과 문장을 이어주는 말이다. 이런 말을 접속어라고 한다. '바람이 불었다. 그리고 꽃이 떨어졌다'처럼 두 문장을 잇는 것이 접속어가 하는 일이다. 이 접속어 '그리고, 그러나' 뒤에는 '은/는, 도' 등의 조사가 결합하지 않는다.

이와 같은 접속의 기능이 아니고 '그렇게 하다'는 뜻으로 읽힌다면, 그 경우는 동사 '그러다'가 쓰일 자리이다. 이제 다음 예의 밑줄 친 부분을 보자.

- <u>그리고는</u> 그냥 돌아서 가 버렸다. (×)
- <u>그리고도</u> 우리가 정당했다고 할 수 있을까?(×)

이 예들은 '그렇게 하고는, 그렇게 하고도'처럼 동작의 의미라는 것을 알 수 있다. 그러므로 이 자리는 '그러다'가 쓰일 자리이고, 따라서 '그러고는, 그러고도'로 고쳐 써야 한다는 것을 알 수 있을 것이다.

고양이 발톱을 깎이다

신문에 국어에 관한 작은 칼럼을 쓰면서 한 독자분의 문의를 받은 적이 있었다. 예를 들어 다음과 같은 부부의 대화에서 '고양이 발톱을 깎이다'가 올바른 표현인가 하는 것이었다.

- 남편: 산책하러 갈까요?
- 아내: 네, 고양이 발톱 좀 <u>깎이고요</u>. (×)

이 경우 일반적인 표현은 '고양이 발톱을 깎아 주다'이다. 즉 "네, 고양이 발톱 좀 깎아 주고요"처럼 말한다. 그런데 요즘 위 대화처럼 '깎이다'라는 표현이 새로 나타나고 있다. 독자분의 질문은 이것이 '맞는' 표현인가 하는 것이었는데, 적어도 현재 국어사전의 뜻풀이에 따르면 이는 잘못된 표현이다.

국어사전의 '깎이다'는 '엄마가 딸에게 고양이 발톱을 깎이다'처럼 누군가에게 그 일을 시키는 경우에만 쓰는 말이다. 즉 선생님이 학생에게 책을 '읽히는' 것처럼, 엄마가 딸에게 고양이 발톱을 '깎이는' 것이다. 그래서 누군가에게 시킨 것이 아니라 위 대화의 아내처럼 직접 발톱을 깎아 주는 경우에는 '깎이다'라고 할 수 없다.

이 대화에 보이는 '고양이 발톱을 깎이다'는 새로 나타난 용법이다. 이는 다음의 '감기다, 씻기다' 등과 비슷한 말이다.

- 엄마가 아이의 머리를 <u>감기다</u>.
- 할머니가 아기의 발을 <u>씻기다</u>.

이 예문의 '감기다, 씻기다' 등은 누군가에게 무엇을 시킨다는 뜻이 없다. 이들은 말 그대로 직접 머리를 감겨 주고, 발을 씻겨 주는 경우를 뜻한다. 새로운 용법의 '깎이다'도 고양이 발톱을 직접 깎아 주는 뜻으로 쓰인 것이다. 이와 같이 '감기다, 씻기다'라는 말이 있다면, 새로운 용법의 '깎이다'도 어법적으로 충분히 있을 수 있는 말이다.

그러나 앞에서 말했듯이 이 새로운 용법의 '깎이다'는 현재 표준어로 인정되지 않는다. '감기다, 씻기다'는 '감아 주다, 씻어 주다'가 대신할 수 없지만('발을 씻어 주다'라는 표현이 쓰이기도 하지만 올바른 표현이라 할 수 없다), '깎이다'는 '깎아 주다'라고 할 수 있으므로 아쉽더라도 그와 같이 쓰는 게 좋을 것이다. 물론 앞으로 널리 쓰이게 되어 언젠가 올바른 표현으로 인정될지도 모르지만, 지금은 '고양이 발톱을 깎이다'라고 해서는 안 되며 '고양이 발톱을 깎아 주다'라고 해야 한다.

지나친 피동 표현
'~어지다'

누리통신망SNS의 시대라서 그런지 '~어지다'의 파급력이 놀랍다.

- 잘 <u>입어지는</u> 티셔츠예요. (×)
- 먹다 보니 계속 <u>먹어진다.</u> (×)
- 잠이 안 <u>자져요.</u> (×)
- 노래가 절로 <u>불러진다.</u> (×)
- 자꾸 보다 보면 그냥 <u>알아져요.</u> (×)
- 말 한대로 <u>되어진다.</u> (×)
- 내 손에 <u>돌봐지는</u> 화분들. (×)

우리말에서 '~어지다'를 결합하면 쉽게 피동의 뜻을 나타낼 수 있다. 국어에 '들리다, 잡히다' 등 피동사가 많지 않다 보니 이 '~어지다'는 피동 표현을 위한 만능열쇠처럼 생각되기도 한다. 예를 들어 '찾다'의 피동사가 없는 상황에서 '찾아지다'는 아주 쉬우면서도 훌륭한 대안이 된다.

그런데 문제는 위의 말들이 상당히 어색하게 느껴진다는 점이다. 누구나 익숙하게 여기는 '이루어지다, 늦춰지다, 만들어지다, 쏟아지다' 등과 달리 자연스러운 표현이라는 느낌이 들지 않는다. 그저 일방적으로 편하게 쓴 느낌이다.

이 '~어지다'는 꽤 독특한 말이다. '지다'가 보조동사인데도 항상 '~어지다'처럼 붙여 쓴다. 이것은 새 단어를 만드는 것과 마찬가지이므로 내 맘대로 아무 말이나 만들어 쓸 수 없다는 걸 알 수 있다. 따라서 지나치게 생소한 '~어지다' 표현을 남용하기보다는 익숙한 표현을 찾아 쓰는 것이 바람직하다.

- 잘 입게 되는 티셔츠예요.
- 먹다 보니 계속 먹힌다/먹게 된다.
- 잠이 안 와요.
- 노래가 절로 나온다.
- 자꾸 보다 보면 그냥 알게 돼요.
- 말 한대로 된다.

'내 손에 돌봐지는 화분들'처럼 대신할 적당한 말이 없다면? '내 손으로 돌보는 화분들'처럼 표현 자체를 바꾸면 된다.

한편, '~어지다'를 남용하는 대표적인 예로 '~되어지다'는 특히 주의해야 할 말이다.

• 생각되어진다, 발생되어진다, 진행되어진다, 기대되어진다, 계속되어진다. (×)

일일이 예를 들지 않아도 될 정도로 많이 볼 수 있는 표현이지만, 이 말은 쓰지 말아야 한다. 이미 '~되다'로도 충분히 피동의 뜻을 나타내므로 '지다'는 굳이 더할 필요가 없는 군더더기 말이다. 더욱이 길어서 번거롭기까지 하므로 '생각되어진다' 등보다는 '생각된다, 발생된다, 진행된다, 기대된다, 계속된다'처럼 간결하게 표현하는 것이 좋다. '~어지다'는 필요한 경우에 알맞게 써야 한다.

'~에 의하여'보다
좋은 표현은 많다

'~에 의하여' 또는 '~에 의해'를 지나치게 자주 쓰는 경향이 있다. 물론 이 말은 '과학자에 의하여 우주의 비밀이 밝혀졌다', '법에 의해 보호받는다'처럼 국어에서 유용한 표현이지만, 외국어 번역투로서 딱딱하거나 어색한 느낌을 줄 때가 많다.

• 청일 전쟁 중 한 발 제대로 쏴 보지도 못하고 <u>일본에 의해 빼앗겼다.</u>

이 예문에서 '~에 의해 빼앗기다'는 아무래도 자연스럽지 못하다. '일본에 빼앗겼다'라고 했다면 한결 간결하면서도 부드러운 표현이 되었을 것이다.

생각해 보면 '불량배에게 빼앗기다, 형한테 빼앗기다'는 매우 익숙한 표현이지만, '불량배에 의하여 빼앗기다, 형에 의하여 빼앗기다'

등은 아주 어색한 표현이어서 거의 쓰지 않는다. 그런데 의외로 이렇게 '~에 의하여'를 쓴 어색한 표현들이 적지 않다.

- 건강은 음식에 의해 좌우된다.
- 인간의 생체는 월력에 의해 지배받는다.
- 나그네는 결국 애꾸눈에 의해 잡아먹히고…….
- 항공사진에 의해 밝혀진 기묘한 12가지 광경!
- 열에 의해 소변이 원활하지 못할 때…….

'~에 좌우되다, ~에 지배받다, ~에게 잡아먹히다'처럼, '음식에 좌우된다, 월력에 지배받는다, 애꾸눈에게 잡아먹히고'라고 하는 것이 훨씬 좋다. '의해'는 불필요하게 들어간 것이다. 또 '항공사진에 의해 밝혀진'도 '항공사진으로 밝혀진', '열에 의해'도 '열 때문에'가 더 쉽고 자연스러운 표현이다. '~에 의하여'라고 쓰기 전에 더 자연스러운 표현은 없는지 한 번 더 생각해 보면 좋을 것이다.

'~에 대하여'를
어찌 할까요

'~에 대하여'란 표현이 많이 쓰인다. 그런데 그중 적잖은 예들이 '~을'이나 '~에, ~에게' 등으로 고쳐 쓸 만한 것들이다.

법령문에서 특히 이러한 표현을 많이 쓰는데 바꾸어 주는 게 좋다. 예를 들어 '직원에 대하여 협박하거나'는 '직원을 협박하거나'로, '관계인에 대하여 질문할 수 있다'는 '관계인에게 질문할 수 있다'로 간결하게 표현할 수 있다.

그동안 법제처는 이처럼 남용되는 '~에 대하여'를 바로잡아 왔는데, 두어 해 전 교육부도 앞으로 이 '~에 대하여'를 교과서에서 쓰지 않겠다는 방침을 발표하였다. 이를테면 '삶의 자세에 대하여 생각해 봅시다'를 '삶의 자세를 생각해 봅시다'로 고쳐 쓰는 식이다. 이렇게 교육 현장에서 국어를 갈고 닦는 것은 매우 바람직한 일이다.

그런데 '~에 대하여'를 쓰지 말아야 할 이유가 어렵거나 어색해서가 아니라 일본어투 표현이기 때문이라고 한다. 그 말의 기원을 장담하는 것도 쉽지 않겠지만, 자칫 이러한 태도는 모든 '~에 대하여'를 배격하게 되어 우리말 표현을 옥죄는 결과를 빚을 수도 있다. 이를테면 '올바른 운동법에 대하여 토론해 봅시다'를 '올바른 운동법을 토론해 봅시다'라고 할 수는 없지 않겠는가. 물론 '올바른 운동법이 무엇인지 토론해 봅시다'처럼 쓸 수는 있지만, 이렇게 다양한 표현의 갈래를 제약하는 자체가 국어의 힘을 떨어뜨리게 된다.

더 쉽고 고운 말로 교과서 문장을 가다듬는 것은 백번 찬성할 일이다. 방침에서도 제시하듯이 가능하면 '이유, 의미'보다는 '까닭, 뜻'처럼 쉬운 말을 살려 쓰는 것이 좋고, '소감'보다는 '느낀 점'이라고 하는 것이 좋다. 다만 '이유, 의미, ~에 대하여'가 자연스러울 때가 있으므로 상황에 맞게 가려 쓰는 지혜가 더 중요할 것이다.

'○○한테' 온 전화는
누가 걸었을까

"여보, 전화 왔어", "아직 전화 안 왔어?" 등 우리는 일상적으로 '전화 오다'라는 말을 자주 쓴다. 그런데 이 경우 다음과 같이 '~한테'라고도 하고 '~한테서'라고도 한다.

- 친구한테 전화 왔어요.
- 친구한테서 전화 왔어요.

'친구한테, 친구한테서'는 전혀 반대의 뜻 같은데, 똑같은 의미로 쓰고 있는 것이다. 얼핏 이 가운데 어느 하나만 올바른 표현일 듯하지만, 둘 다 맞는 표현이다. 우선 '한테서'는 '형한테서 온 편지이다', '누구한테서 나온 이야기냐?' 등과 같이 출발점을 나타내는 말이므로 '친구한테서 전화 왔어요'는 당연히 올바른 말이다.

그러나 '한테'는 '동생한테 선물을 주었다'처럼 도달점을 나타내므로 '친구한테 전화 왔다'는 잘못된 표현으로 생각하기 쉽다. 사실 '동생한테 선물을 주었다' 대신 '동생한테서 선물을 주었다'라고 할 수는 없으니까 이는 충분히 일리 있는 생각이다.

그런데 '한테, 한테서'는 어떤 경우에 둘 다 쓰이기도 한다. 즉 '친구한테서 들은 이야기'라고도 하고, '친구한테 들은 이야기'라고도 한다. '친구한테서 배우다, 친구한테서 선물을 받다'라고도 하며, '친구한테 배우다, 친구한테 선물을 받다'라고도 한다. 마찬가지로 '전화 오다' 역시 '~한테서 전화 오다'와 함께 '~한테 전화 오다'도 인정된다. 국어사전은 다음과 같은 용례를 제시하고 있다. 이는 '선생님이 전화했다'는 뜻의 문장이다.

• 조금 전에 선생님한테 전화 왔었어요.

다만 이 문장은 누군가 선생님에게 전화했다는 뜻도 될 수 있어서 상황에 따라 자칫 오해될 수도 있다. 당연히 "친구한테 전화 왔어요"도 두 가지로 해석될 수 있는 중의적 표현이므로 조심해서 쓸 필요가 있다. 대부분의 경우 상황에 비추어 잘못 해석할 염려는 적지만, 그래도 오해할 수 있는 상황이라면 "친구한테서 전화 왔어요"처럼 말하는 것이 좋겠다. 어쩌면 앞으로 '한테서, 에게서' 등이 '한테, 에게'

에 밀려 사라질 날이 올지도 모르지만, 명확한 뜻을 표현하는 데 도움이 되므로 잘 활용하는 것이 바람직할 것이다.

남산 위에
저 소나무

꽤 오래 전의 일이다. 애국가 가사 중 "남산 위에 저 소나무"는 "남산 위의 저 소나무"의 잘못이니 바로잡아야 한다고 주장한 분이 있었다. 조사 '의'는 흔히 [에]로 발음하는데, 그 발음에 이끌려 표기까지 '에'로 하는 경우를 종종 볼 수 있다. 발음은 그렇게 하더라도 표기는 당연히 '의'로 해야 한다. 이처럼 '남산 위에'도 발음에 이끌려 '에'로 잘못 적은 경우라는 게 제언자의 주장이었다.

이분의 주장처럼 애국가 가사의 맞춤법이 틀렸다면 큰일이다. 윤치호 선생의 1907년 자필 가사도 '남산 우헤' 즉 현대어로 '남산 위에'이니, 유구한 역사 동안 어법에도 안 맞는 애국가를 불러 온 셈 아닌가.

그러나 애국가 가사는 일종의 시요, 따라서 문제의 '남산 위에'는 시적 표현의 하나로 이해할 수 있을 것이다. 즉 시적 간결함을 추구하여 '남산 위에 있는 저 소나무'와 같은 표현에서 '있는'을 생략한 결과일 수 있다. 동요작가 권오순이 지은 '구슬비'도 "송알송알 싸리 잎에 은구슬 대롱대롱 거미줄에 옥구슬"로 시작하는데, 이는 '싸리 잎의, 거미줄의'의 잘못이 아니라 역시 서술어가 생략된 시적 표현일 수밖에 없다.

시로서의 애국가의 특성은 곳곳에 보인다. 이어지는 구절 '바람 서리 불변함은'도 '바람서리에 불변함은'에서 조사 '에'를 생략한 것이요, '하느님이 보우하사 우리나라 만세' 역시 일반적인 서술 구조가 아니라 시적 축약이요 변형이다. 따라서 '남산 위에'를 굳이 '의'의 잘못으로 보기보다는 아름다운 시적 표현의 하나로 받아들일 수 있을 것이다. 나라를 사랑하는 마음은 시로써 노래로써 표현할 때 더 간절하게 다가올 수 있는 것 아닐까.

'에'와 '에게'는
엄연히 다르다

한 유명 출판사의 외국소설 번역본 중에 "독일에게 다섯 명의 자식을 나아준 여인은 이 세상에서 가장 유명한 법학자보다 더 훌륭하다"라는 문장이 있다. '나아준'은 '낳아 준'의 단순한 오기라고 하더라도 '독일에게'는 자못 심각한 잘못이다.

'에'와 '에게'는 서로 다른 조사이다. '에'는 식물이나 단체 등 감각이 없는 대상에 쓰는 말이고, '에게'는 사람, 동물 등 감각을 지닌 대상에 쓰는 말이다. 구어에서는 '한테'를 주로 쓰기도 한다.

그러므로 '에'는 '나무에 물을 준다, 21세기에 어울린다, 한국에 우호적이다'와 같은 예에 쓰고, '에게'는 '아이에게 물을 준다, 신세대에게 어울린다, 친구에게 우호적이다'와 같은 예에 쓴다는 것을 유념할 필요가 있다.

이와 같이 '에, 에게'를 구분하여 쓴다면, 아래의 '유권자에, 인간에'는 '에게'라고 할 것을 '에'로 잘못 쓴 것임을 알 수 있다. 즉 이 말들은 '유권자에게, 인간에게'로 써야 한다.

- 유권자에 도움이 되는 정보. (×)
- 인간에 있어서는 절대적인 가치가 없다고 본다. (×)

국정 연설문에서도 잘못 쓰는 경우를 볼 수 있는데, 다음의 '국가들에게'는 '에'를 쓸 자리에 '에게'를 잘못 쓴 경우이다. 앞서 '독일에게'와 같은 예로서, 당연히 '국가들에'라고 해야 한다.

- 한국을 비롯한 아시아 국가들에게 큰 고통을 주기도 했습니다. (×)

때로는 '개인이나 단체에게'처럼 유정물과 무정물이 함께 나올 때도 있다. 좀 까다로운 경우인데, 이럴 때에는 뒤의 명사에 조사를 맞추면 된다. 그래서 '개인이나 단체에'라고 한다.

때로는 '~와의'가
정확한 표현이다

'○○와 약속하다'에서 보듯이, '~와'는 부사어로서 동사('약속하다')와 어울리는 말이다. 따라서 '○○와 약속'처럼 명사와 어울린 표현은 문법에 맞지 않는다.

- 나는 <u>친구와 약속</u>을 까맣게 잊고 있었다. (×)
- <u>아이들과 약속</u>을 지키기 위해 노래방 다녀왔어요. (×)

이를 올바른 표현으로 하려면 '친구와 한 약속', '아이들과 한 약속'처럼 동사 '한'을 넣어 주면 된다. 또 다른 방법은 '친구와의 약속', '아이들과의 약속'처럼 '의'를 보완해 주는 것이다. '나의 고향'처럼 명사를 꾸며 주는 말 뒤에 '의'를 붙이면 되는 것이다. 우리말을 보면 '눈에(부사어)+가시(명사)'처럼 어울리지 않는 결합의 문제를 해소하기 위하여 'ㅅ'을 넣는 문법이 있는데, '귀엣말, 속엣말, 소금엣밥'도 마찬가지이다. '친구와의 약속, 아이들과의 약속'에서는 '의'가 그 기능을 하고 있는 셈이다.

이 '~와의'는 좀 딱딱한 느낌이기는 하지만 문법적 표현을 위해 효율적으로 쓸 만하다.

- 김수현과 키스 신 질문에 돌연……. (×)
- 주민들과 면담을 통해……. (×)

위 예들은 '김수현과의, 주민들과의'로 하면 문제가 사라진다. 이 '와의'는 외래적인 표현이고 국어답지 않은 말이라는 지적도 있다. 하지만 우리말의 효율적인 표현에 도움이 되는 장점이 있기도 하다. 다만 정확히 써야만 이 말에 대한 걱정을 덜 수 있을 것이다.

세 개의 오렌지에의
사랑

'불가능에의 도전'이라는 표현이 있다. '불가능에 도전'이라고 하면 '부사어＋명사'가 되어 문법적으로 맞지 않으니, '의'를 넣어 '관형어＋명사'가 되게 한 표현이다. 이런 방식은 국어에서 널리 쓰인다.

- 친구와의 약속, 국내에서의 활동, 신세계로의 여행, 고향으로부터의 소식

물론 이 '와의, 에서의, 로의, 으로부터의' 등은 일본어 'の'의 영향을 받은 것으로 자연스러운 우리말이 아니라고도 한다. 그러나 이는 '친구와 한 약속, 국내에서 한 활동, 신세계로 떠나는 여행, 고향으로부터 온 소식' 등처럼 풀어서 쓰면 좋지만 나름대로 유용한 면도 있으므로 국어 표현의 하나로 봐도 좋을 것이다. '지키지 못한 친구와

한 약속'이라고 하면 번거롭게 느껴지는데, 그럴 때 '지키지 못한 친구와의 약속'이라고 하면 간결하게 표현할 수 있다.

그러나 많은 경우는 더 자연스러운 표현들이 있다. 당연히 그 경우에는 더 자연스러운 표현으로 쓰는 것이 좋다. 예를 들어 아래의 '발전에의 가능성'은 '발전할 가능성'이 훨씬 더 나은 표현이다.

- 표현의 자유는 참된 자유를 실현하는 것이 되고 <u>발전에의 가능성</u>도 무한해질 수 있다.

이와 같이 '~와의, ~에의, ~로의, ~으로부터의' 등은 비문법적인 것은 아니지만 부자연스럽고 생소한 느낌을 줄 때가 많다. 다만 조사에 따라서 차이는 있다. 개인적으로 '~에의'는 덜 자연스럽게 느껴진다. 인터넷에서도 '불가능에의 도전'보다는 '불가능을 향한 도전'이 훨씬 더 많이 보인다. 물론 이 표현도 오래된 것이지만 '일본에의 반공 기대, 이산가족 찾기에의 고언' 등 예전 표현들도 여전히 어색하게 느껴진다. 널리 쓰이는 표현으로 제대로 정착하지 못한 셈이다.

러시아 작곡가 프로코피예프의 오페라 작품에 '세 개의 오렌지에의 사랑'이 있다. 영어 제목은 'The Love for Three Oranges'인데, 한 백과사전에서도 이 '~에의'로 번역한 제목을 쓴 것을 보면 꽤 통용되는 제목으로 보인다. 그래도 어색한 느낌이 드는 건 어쩔 수 없다. 그래서인지 '세 개의 오렌지를 위한 사랑', '세 개의 오렌지 사랑'과 같은 제목도 눈에 띄는데, 이것이 더 자연스럽게 느껴진다.

그런데 국어사전을 보면 '의'가 덧붙은 '와의, 로의, 에서의' 등은 올라 있지 않은데, 유독 '에의'는 올라 있다. 물론 이것이 단어일 수 있지만(이런 단어를 복합조사라고 한다), '에의'만 특별한 취급을 받는 이유는 알기 어렵다. 이렇게 사전에 올라 있다고 해도 대체로 이 표현은 자연스럽지 않다. 국어사전에 아래의 세 용례가 제시되어 있는데 아무래도 어색한 느낌이다.

• 만찬회에의 초대, 어린이들은 내일에의 희망이다, 해외 시장에의 진출이 앞당겨질 것 같다.

이 예들은 '만찬회 초대', '내일의 희망이다', '해외 시장 진출이'가 더 자연스럽다. 사전에서 제시한 예들조차 이렇게 어색하게 느껴진다면 '~에의'는 국어에서 일반적인 말은 아니라고 할 수 있다. 필요한 경우 '~에의'를 쓰더라도 충분히 더 자연스럽게 표현할 방안이 있다면 그렇게 쓰는 것이 나을 것이다.

조사만 똑바로 써도
글이 좋아진다

아래는 한 언론 기사의 문장이다. 이 작은 사례를 통해 글쓰기 태도에 대해서 생각해 보고자 한다.

> • 여러 채의 '안전가옥'에 흩어져 숨어 지내다 트레일러가 도착하면 <u>여기에 타고</u> 샌안토니오로 이동할 예정이었다.

이 기사를 읽으면서 독자들은 '여기에 타고'라는 표현이 꽤 어색하다고 생각했을 것이다. 이렇게 어색하게 느껴지는 표현은 고치는 것이 좋다. '이걸 타고'라고 하면 훨씬 자연스러운 표현이 된다. 뭔가 어색한 표현을 스스로 합리화하기보다는 과감하게 새로운 표현으로 쓰는 것이 낫다.

'~에 타다'라는 표현은 국어에서 많이 쓴다. '버스에 타세요', '차에 타고 있던', '앞에 타' 등 흔히 쓰는 표현이다. 아마 이런 표현이 있으니까 '여기에 타고'도 괜찮다고 생각했을지 모른다.

그러나 어떤 교통수단을 이용하여 이동할 경우에는 '~를 타다'라고 표현한다. '버스에 타고 왔다'라고 하지 않고 '버스를 타고 왔다'라고 하는 것이다. 서 있는 버스에 오르는 것은 '버스에 타다'라고 할 수 있어도, 버스로 이동하는 경우에는 '버스를 타다'라고 해야 한다. 가만히 서 있는 '말에' 타고, 그렇게 하여 달리는 것은 '말을' 타는 것이다.

위 기사도 그 내용으로 볼 때 트레일러를 타고 간다는 것이니까, '여기에 타고'가 아니라 '이것을 타고'가 자연스러운 표현이 된다. 사실 국어 화자라면 누구나 '버스를 타고 이동했다'라고 하지, '버스에 타고 이동했다'라고 하지는 않는다. 기자의 단순한 실수일 것이다.

이 사례처럼 간단한 조사의 쓰임인데도 글을 쓸 때 부주의로 실수하는 경우가 종종 있다. "7회 대량 득점을 성공했다"와 같은 기사문도 그런 예이다. '득점에 성공하다'가 자연스러운 표현이라는 것은 조금만 생각해 보면 알 수 있다. 외신의 원문에 이끌렸거나, 기사 마감 시간에 쫓겼거나 나름의 이유로 이런 '실수'가 탄생한 것이겠지만, 이 작은 실수를 가볍게 지나치고 말았다는 게 기사 작성자의 진정한 실수이다.

'역전앞'에서
'역 앞'으로

국어사전에서 '역전앞'을 찾아보면 '역전'의 잘못된 말이라고 나온다. '역전'의 '전'이 앞이라는 뜻이므로 '앞'이라는 말을 더할 필요가 없기 때문이다. '가사일'도 같은 예로서 '가사'의 '사'가 일이라는 뜻이므로 '일'이라는 말을 덧붙일 필요가 없다. 이렇게 의미가 중복된 것을 '유의어 반복'이라고 하는데, 그 예인 '역전앞, 가사일' 등은 잘못된 말로 '역전, 가사'라고 해야 한다.

그런데 유의어가 반복되었다고 해서 모두 잘못된 말은 아니다. 의미가 중복되기로는 '처갓집, 상갓집, 해변가, 술주정' 같은 단어도 마찬가지지만 어엿한 표준어로 대접받는다. 이 단어들의 '처가, 상가, 해변, 주정'에 이미 '집, 가, 술'의 뜻이 있으므로 뒤의 말은 그저 덧붙은 말일 뿐이다. 그런데도 이 말들이 표준어로 인정받은 것은 의미의 중복 여부를 떠나 대중이 많이 쓰는 말이기 때문이다. '야밤'도 중복적인 말이지만 표준어요, '박수치다'도 '박수'에 치다는 의미가 있지만 역시 표준어로 인정받는다. 인터넷에 이런 말들이 잘못이라는 설명이 적지 않지만, 의미가 중복되었다고 해서 무조건 잘못된 말은 아니다.

'역전앞'과 같은 예는 언어 사용에 답답한 제약을 느끼게 만든다. 언어를 지나치게 논리적으로 따지면 대중에게 불편함을 줄 수 있다. '처갓집, 해변가' 등이 잘못된 말인 양 인터넷에서 떠도는 것을 보면 더욱 그런 생각이 든다.

오늘날 '역전앞'에 이어 등장한 말은 '역앞'이다. 이는 사전에 올라 있지 않고, 그래서 '역 앞'으로 띄어 써야 할 말이다. 이 말은 '역앞 리모델링 싼 방', '둔촌동 역앞 왕만두집' 등 인터넷에서 '역전, 역전앞'에 비하여 압도적으로 널리 쓰인다. 단순히 인터넷 블로그만 검색해 보아도 '역전앞'이 불과 4천여 건 정도 검색되는 데 비해, '역앞'은 5백만여 건이나 검색된다. '역앞'이 '역전, 역전앞'을 거의 대체해 버렸다고 볼 수 있다. 결국 표준어가 되지 못한 '역전앞'을 대신하여 '역 앞'이 아닌 '역앞'이 새 단어가 되는 날이 올지도 모르겠다.

껍데기인지
껍질인지

이른바 살충제 계란으로 떠들썩했던 적이 있다. 이 소동 중에 갑자기 떠오른 말이 '난각 코드'이다. 난각 즉 달걀 표면에 생산 지역, 생산자를 표시한 기호이다. 이 '난각'이라는 말이 어렵고 생소한 까닭에 언론 기사마다 쉬운 말을 덧붙여 놓는데, '달걀 껍데기'라고 한 기사도 많고 '달걀 껍질'이라고 한 기사도 많다.

사전적 의미에 따르면 '달걀 껍데기'가 올바른 말이다. '껍데기'는 '달걀이나 조개 따위의 겉을 싸고 있는 단단한 물질'을 뜻하고, '껍질'은 '물체의 겉을 싸고 있는 단단하지 않은 물질'을 가리킨다. 그러니 신문 기사처럼 공적인 글쓰기에서는 '달걀 껍데기'로 쓰는 것이 바람직하다.

다만 '껍질'과 '껍데기'가 구분되는 우리말의 체계는 놀랍지만, 꼭 사전적 의미대로 엄격히 구분하여 쓸 수 있을지는 의문이다. 신문 기사에서조차 한두 예가 아니듯이 '달걀 껍질'이라는 말도 많이 쓰는 것이 현실이다.

일반적으로 '껍데기'는 '깨뜨리다'와 어울리고, '껍질'은 '벗기다'와 잘 어울린다. 굴을 까먹을 때 껍데기를 '벗기고' 먹는다고 하지는 않는다. 그런데 달걀은 깨뜨리는 것이기도 하지만 벗기는 것이기도 하다. 삶은 계란은 톡톡 '깨뜨린' 다음에 '벗겨서' 먹는다. 사과 껍질을 벗겨서 먹는 것처럼 말이다. 이렇게 벗겨서 먹는 데는 '껍질'이 어울리지 않을까.

이처럼 모호한 점이 있기에 대중 스스로 '껍데기'인지 '껍질'인지 적절한 표현을 찾아가고 있는 중인지도 모른다. 그래서 지나치게 사전적 의미에 기대어 어느 것이 맞고, 틀리다는 말은 더 이상 안 하는 게 좋을 듯하다.

이 '달걀'과 비슷한 예가 '조개'이다. 조개를 싸고 있는 딱딱한 물질은 '껍데기'가 바른 말이지만 흔히 '껍질'이라고 한다. 그래서 국어사전은 '조개껍데기'와 더불어 '조개껍질'을 인정했다. 이렇게 하는 순간 '조개껍질'은 되는데 '달걀 껍질'은 안 된다고 하기 어렵다. 만일 그런다면 대중을 혼란스럽게 만들 뿐이다. 더욱이 '조개껍질'은 단어라서 예외라는 식의 설명은 더욱 혼란스럽게 할 뿐이다. 현재로서는 '달걀 껍데기'가 올바른 말이지만 '달걀 껍질'도 쓰는 대로 두고 보는 게 좋을 것 같다.

'청춘하세요'의
일탈

모 제약회사 광고 중에 "대한민국 청춘하세요!"라는 문구가 있다. 청춘의 활력을 얻을 수 있는 제품이라는 뜻일 것이다. 그런데 '청춘하세요'는 국어의 어법에 맞지 않는 말이다. '하다'가 단어를 만드는 힘은 매우 크지만 '청춘하다'라는 말까지 만들 수는 없다.

'운동하다, 정리하다, 생각하다'에서 보듯이 '하다'는 동사성의 의미를 지닌 말과 결합하여 새 동사를 만든다. 하지만 '청춘'은 동사성의 의미를 지니고 있지 않다. 따라서 '학생하다, 노년하다'라는 말이 없듯이 '청춘하다'라는 말도 만들어질 수 없다.

물론 '밥하다, 나무하다'처럼 동사성이 없는 말에 '하다'가 붙어 된 말도 있다. 그러나 이런 말들은 '밥을 하다, 나무를 하다'와 같은 표현이 오랜 시간에 걸쳐 쓰이면서 단어가 된 경우이다. '청춘하다'는 '청춘을 하다'라는 말이 없으므로 이런 예도 아니다.

아마 이 말을 만든 사람도 '청춘하다'가 우리말 어법에 맞지 않는다는 것을 알았을 것이다. 오히려 일부러 어법에 어긋난 말을 씀으로써 대중의 눈길을 끄는 효과를 노렸을 것이다. 또 유행처럼 일부 계층에서 이런 식으로 말하는 점도 고려했을 것이다. 그러나 대중이 보는 글이라는 점에서 이는 결코 바람직하지 않다.

'하다'를 억지스럽게 붙이는 말은 이전에도 일부 광고에서 쓰였다. 식품 광고의 '연두해요', 전자제품 광고의 '쿠쿠하세요', '액스캔버스하다' 등은 제품명에 '하다'를 결합하여 동사로 쓴 경우이다. 모두 우리말 어법에 맞지 않는 예들이다.

물론 이런 말들이 광고 전략 면에서는 성공 사례일지도 모른다. 그러나 광고도 공익을 생각한다면 참신하면서도 우리말의 질서에 맞는 표현을 쓰는 것이 더 바람직하다.

'떨어짐 주의'에서 발견하는
우리말의 능력

대형 쇼핑몰 같은 곳에서 자동차를 주차한 장소가 생각나지 않을 수 있다. 누군가도 그런 경험이 많은가 보다. 주차 장소를 찍은 사진을 올리고, 다음과 같은 글을 달아 놓았다.

• 나이가 들어가니 잊음이 늘었다.

사실 이 문장은 거의 비문에 가깝다. '잊음' 때문이다. '건망증'이나, 적어도 '잊는 일'이 늘었다고 해야 자연스럽다. '잊음'이라는 단어가 있다면 문제없을 텐데 아쉽게도 그런 단어는 없다.
그런데 요즘 이렇게 '-음'을 붙여 단어처럼 쓰는 말이 많다.

• 시부모에게 예쁨 받고 있어요.

- 사는 게 참 바쁨의 연속이구먼요.

- 행복함이 가득해요.

- 늘 길떠남을 꿈꾼다.

- 오늘은 은은한 반짝임의 하이라이터!

분명 이는 어색한 표현으로서 교정 대상이지만 달리 생각해 볼 점도 있다. 언젠가 필자는 공사 현장에 커다란 글씨로 '떨어짐 주의'라고 써 놓은 것을 보았는데, 그 큰 글씨만큼이나 뜻이 확 와 닿는 느낌을 받았다. '떨어짐'이 '추락' 또는 '낙하'를 훌륭하게 대신하고 있는 것이다.

사실 안전사고 주의 표시에 '떨어짐, 무너짐, 넘어짐' 등 알기 쉬운 말을 쓰듯이, 의학 분야에서도 '머리아픔 증상, 코막힘 증상, 어깨결림 증상, 말막힘 현상' 등을, 일상생활에서도 '물넘침 현상, 배관막힘 현상, 딸림 방지, 깨짐 현상' 등을 사용한다. 이 말들이 사전에 오른 단어는 아니지만, 어쨌든 단어에 준하는 기능을 훌륭히 수행하고 있는 것이다. 어떤 은행은 '채움'이라는 말을 상품 이름에 활용하기도 하였고, '쏠림(물리/경제), 눈부심(의학)'처럼 전문 용어로 쓰이는 말도 있다.

우리말에는 '-음'이 결합한 이러한 단어들이 적지 않다. '그리움, 괴로움, 놀라움, 만남, 부름, 낯가림, 입막음, 끝맺음, 칼부림' 등이 그 예들이다. 사전에는 올라 있지 않아도 '여유로움, 귀여움'처럼 좀 더 단어에 가까운 것으로 보이는 말도 있다.

　'나이가 들어가니 잊음이 늘었다'와 같은 문장이 올바른 표현은 아니다. 그러나 이와 같이 '-음'이 활발하게 작동하는 것은 바람직한 측면도 있다. 국어는 조어력이 떨어져서 한자어나 외래어를 다듬기가 쉽지 않다고 한다. 예를 들어 '경신'을 '고침'으로 바꾸고 싶어도 '고침'이 단어가 아니어서 온전히 '경신'을 대신할 수는 없다. 이런 상황에서 '떨어짐 주의'와 같은 표현이 널리 쓰이고, 이로써 '떨어짐'이 새로운 단어로 정착하고, 그래서 '-음'을 붙여 새 단어를 만드는 것이 생산적인 규칙이 된다면 국어가 좀 더 풍요로워질 것이다. '-음'을 이용하여 새 낱말을 더 많이 만들 수 있으면 좋겠다.

'~적'이라는
이상한 표현에 대해

'적'을 너무 많이 쓰는 문제는 오래된 것이다. 과거의 그러한 지적은 그나마 사전에라도 있는 말을 남용하는 문제였다면, 요즘은 개인마다 지나치게 만들어 쓰는 문제로 나아갔다.

- 언제나 <u>전쟁적으로</u> 예약을 해요.
- 여기에는 <u>여행적인</u> 정서가 녹아 있다.
- <u>학생적으로</u> 동경되는 수업 방법이군요.

'적' 하나만 붙이면 '그러한 성격을 띠는' 정도의 의미를 나타낼 수 있다. 무척 간결하고 매력적인 수단이다. '전쟁을 하듯이 정신없이'와 같이 번거로운 표현보다 '전쟁적으로'처럼 한마디로 말하면 되니 선호할 만하다.

오늘날 접미사 '-적'의 단어 형성 능력은 '-스럽다'('검사스럽다, 도깨비스럽다, 아이돌스럽다')와 더불어 점점 커지고 있다. 심지어 '기업가와 자본가의 모임적인 성격'처럼 긴 표현에도 쉽게 결합한다. 이렇게 '-적'을 활발하게 사용하는 것은 다양한 표현 욕구를 해소하기 위하여 대중이 찾아낸 방법이다.

물론 새말을 만들어내는 통로가 넓어지는 것은 나쁘지 않다. 그러나 '-적'의 표현이 '평화적, 현대적, 예술적, 종교적, 심적' 등 서로 약속하고 익히 알고 쓰는 말을 넘어서면 읽는 이가 불편하게 느낄 수 있다. 뜻은 별 어려움 없이 이해할 수 있을지 몰라도, 생소한 표현을 대하는 순간 글 읽기가 어색해지는 느낌을 받는 것이다. 위 예들도 '전쟁하듯이, 여행의, 학생으로서'처럼 좀 더 일반적인 표현으로 쓰는 것이 좋다. 지나치게 편의주의로 '-적'을 쓰다 보면 원래 쓰던 말도 잊고는 한다.

- 자신들의 주장만을 <u>막무가내적으로</u> 내세우는 태도

당연히 위 표현은 '막무가내로'가 자연스러운 표현이다. '-적'을 지나치게 자주 쓰는 습관 탓에 이 쉬운 말을 잊고 '막무가내적으로'라는 이상한 표현을 쓰고 만 것이다. '-적'이 순기능을 할 수 있도록 가려서 쓰는 수고와 정성을 아끼지 않았으면 좋겠다.

접미사 '-스럽다'의
진화

언제부터인가 '-스럽다'가 진화하고 있다. 일단 웬만한 말에 자유롭게 붙어 쉽게 새말을 만들어내고 있다. 이는 원래의 용법과는 꽤 다른 것이다.

- 깡통스럽다, 아줌마스럽다, 일본스럽다, 자유여행스럽다, 구글스럽다, 지렁이스럽다, 중국집스럽다, 관리자스럽다, 아마추어스럽다, 디지털스럽다, SSG스럽다.

'-스럽다'는 새 단어를 만들어내는 접미사이다. 대부분의 접미사는 느린 속도로 단어를 만들기 때문에 새 단어는 어쩌다 보게 된다. 아마 몇 십 년 전 국어사전에 있는 '-스럽다'의 단어나 지금 국어사전에 있는 단어나 큰 차이가 없을 것이다. 그리고 우리는 보통 사전에 있는 단어들만 쓰지 스스로 새 단어를 만들어 쓰지는 않는다.

그런데 지금 '-스럽다'는 자유자재로 새말을 만들어내고 있다. 마치 쉬고 있던 공장이 갑자기 대량 생산에 들어간 듯하다. 그리고 이전에는 주로 '복, 걱정, 다행, 거북, 능청, 조잡' 등 추상적 개념의 명사 등에 결합했던 것과 달리 '깡통, 아줌마, 중국집' 등 구체적인 명사, 나아가 고유명사까지 크게 확대되었다.

더욱이 '어른스럽다, 여성스럽다'처럼 '-스럽다'가 '어른, 여성' 등의 구체적인 명사와 결합하는 경우에, 실제 어른이나 여성에 대해서는 쓰지 않았다. 그래서 아들은 '여성스럽다'라고 할 수 있어도 딸은 '여성스럽다'라고 하지 않는다. 진짜 여자인 경우에는 '여자답다'처럼 '~답다'로 표현한다. 즉 아이는 '어른스러운' 것이고 어른은 '어른다운' 것이다.

그런데 위의 '구글스럽다, 일본스럽다, 중국집스럽다' 등은 실제 구글, 일본, 중국집에 대해서 쓰는 것이라는 점에서 새로운 모습이다. 원래는 '구글답다'라고 해야 할 자리인 것이다. 다만 '구글답다, 일본답다, 중국집답다'가 보다 긍정적 의미를 내포하고 있다면 이 '~스럽다'의 표현은 대체로 부정적 어감이 느껴진다. 한때 유행했던 '검사스럽다'가 매우 부정적 의미로 쓰였던 것이 그 대표적인 예이다. 원래 '~스럽다'는 '복스럽다, 다행스럽다'처럼 긍정적인 의미로도 쓰이는 것인데 새로운 유행어는 주로 부정적 의미로 쓰이고 있는 것이다.

접미사 '-스럽다'가 기존의 문법에서 일탈하고, 나아가 부정적인 의미로 쓰이는 현상은 오늘날 사회의 모습을 반영하는 것 같기도 하다. 당분간 유행이 계속 되더라도 긍정적 의미로 쓰이는 일이 더 많았으면 좋겠다. 물론 가장 좋은 것은 지나치게 유행에 이끌려 이런 말을 쉽게 쓰지 않는 것이다.

갑자기 '급〜'이
널리 퍼졌다

이 책의 원고를 쓰면서 '급호감'이라는 말을 썼더니 맞춤법 교정 표시가 뜬다. 평소에 거의 써 본 적이 없는데도 순간적으로 딱 떠오를 만큼 내 귀에도 익숙한 말이 되었는데 표준어 자격은 얻지 못했나 보다.

'급호감' 외에도 '급친철, 급주문, 급사과, 급전화'와 같은 말도 꽤 쓰이고, 적은 수이지만 개인에 따라서는 '급도주, 급사랑, 급축하' 등 다양한 표현으로 활용되고 있다. '급○○'의 유행이다. 다만 기존의 '급부상, 급진전, 급회전' 등과는 약간 다른 점이 느껴진다. 말할 때 '급' 다음에 약간 쉬는 듯한 느낌이 있는 것이다. 접두사이면서도 '급히 호감을 느끼다'처럼 부사의 느낌으로 쓰이는 특징도 있다.

하여튼 이는 대중이 기존 단어에 얽매이지 않고 마치 놀이하듯이 즐겁게 말을 만들어내는 모습을 보여 준다. '처맞다, 처던지다' 식의 공격적인 말도 아니다. 어려운 외래어도 아니고 말하기의 재미도 느껴진다.

물론 이렇게 놀이와 같은 말 만들기는 조금 경박한 느낌이 드는 것도 사실이고, 그래서 국어를 해치는 게 아닌가 걱정이 되기도 한다. 그러나 남을 비하하거나 크게 격이 낮은 말이 아닌 이상 무조건 잘못된 말이라고 도외시할 일은 아니다.

'급○○'의 말 만들기는 유행처럼 곧 지나갈 것이다. 그러나 이 언뜻 무질서해 보이는 언어활동 뒤에 몇 가지 새말들이 국어에 남을 수도 있다. 그것도 국어의 자산이 될 것이다. 물론 그러기까지 일정한 시간을 두고 지켜봐야 하겠지만, 미리 가볍고 이상한 말로만 재단할 필요는 없을 것이다. 비슷하게 유행처럼 생겨났던 '왕회장'이라는 단어가 여전히 국어사전에 없는 걸 보니 이런 생각이 든다.

'맞다'가
맞지 않을 때

한글 맞춤법에 맞다

아래는 흔히 쓰는 표현이다. 그런데 지금의 국어사전에 따르면 이 예문의 '맞다, 맞다고'는 올바른 표현이 아니다.

- 바지가 몸에 딱 <u>맞다</u>. (×)
- 자기 말만 <u>맞다고</u> 한다. (×)

국어사전에 따르면 '맞다'는 동사이다. 따라서 이 예들은 '맞는다, 맞는다고'로 써야 한다. 국어사전에서 제시하는 예문을 보면 다음과 같다.

- 네 말이 <u>맞는다</u>.
- 과연 그 답이 <u>맞는지는</u> 더 생각해 보기로 하자.

• 음식 맛이 내 입에 <u>맞는다</u>.

현재의 일을 말할 때 동사는 '-ㄴ다/-는다', 형용사는 '-다'로 쓴다. 예를 들어 '학교에 간다, 책을 읽는다'라고 하고, '맛이 짜다, 날씨가 좋다'라고 한다. '맞다'는 동사이므로 '네 말이 맞는다'라고 해야지, '맞다'라고 할 수 없음을 알 수 있다. 마찬가지로 '자기 말만 맞는다고 한다'라고 해야 한다는 것도 알 수 있다.

다만 대중은 '맞는다고 한다'보다는 '맞다고 한다'라는 표현을 더 많이 쓴다. 마치 형용사처럼 쓰는 것이다. 동사, 형용사는 그 성질이 종종 변하기도 해서 어느 한 품사로 규정하기가 곤란한 경우도 생긴다. '맞다'도 그 한 예라고 할 수 있다. 현재로서는 "바지가 몸에 딱 맞다", "자기 말만 맞다고 한다", "그래, 맞다!" 등은 잘못된 말이지만, 앞으로 이런 예들을 새롭게 기술하는 방안을 고민해야 할지도 모른다.

'수고하십시오'는
누가 쓰나

우리는 관공서나 식당 등을 나오면서 직원이나 종업원에게 "수고하세요"라고 인사한다. 그런데 10대 청소년이 그렇게 인사해도 좋은지는 논란이 있다.

필자의 생각부터 말하자면, 적절한 인사말이 아니다. 마찬가지로 들어가면서 하는 인사말인 "수고하십니다", "수고 많으십니다"도 청소년이 어른에게 쓰기에는 적절하지 못하다. 사실 그렇게 인사하는 경우도 거의 없다.

어차피 좋은 뜻으로 하는 인사말인데 윗사람에게 못 쓸 까닭이 뭐냐는 의견도 있지만, 인사는 받는 이도 흔쾌히 받아들일 수 있어야 한다. 그런데 '수고'가 고생하라는 뜻이어서 그런지, 어린 사람이 쓰면 일반적으로 윗사람은 좀 불편하게 여긴다.

'수고'가 쓰이는 인사말에는 '수고하셨습니다'(지난 행위), '수고하십니다'(현재 하는 행위), '수고하십시오'(앞으로 할 행위) 등이 있다. 모두 위로와 감사의 뜻이 담겨 있는데, 특히 '수고하십니다, 수고하십시오'에는 격려의 뜻도 담겨 있다. 그래서 '아빠, 수고하셨어요'라는 인사말 카드처럼 감사의 뜻을 담은 '수고하셨습니다'는 윗사람에게 써도 이상하지 않지만, 격려의 뜻이 담긴 '수고하십니다', '수고하십시오'는 적절해 보이지 않는 것이다.

사실 '고생해', '고생하게', 나아가 '욕보게', '애쓰게' 등 격려의 인사말은 통념상 윗사람에게는 잘 쓰지 않는다. '고생하십시오'는 좀 조심스럽고, '욕보십시오'는 더욱 생각하기 어렵다. 서로 존대하여 말하는 관계에서 쓰는 정도일 것이다. 그러므로 나이 관계를 볼 때 어린 청소년이 어른에게 '수고하세요, 수고하십시오'라고 인사하는 것은 적절치 않다.

물론 시간이 지나면서 이러한 경계가 무너지고, 나이와 무관하게 쓰이게 될지도 모르지만, 현재의 사회적 관습으로는 윗사람에게 쓰지 않는 것이 바람직하다. 인사는 주고받는 것이므로 서로 편안한 말이어야 한다.

'건강하세요'의
현재와 미래

상대방의 건강과 행복을 빌어 줄 때 우리는 다음과 같이 인사
한다.

"건강하세요."

"행복하세요."

이 인사말은 누구나 들으면 기분이 좋아지고 행복해지는 말이지
만, 형용사의 명령형이어서 잘못된 말로 규정된다. 형용사는 '높아라,
더워라' 등처럼 명령형으로 표현할 수 없기 때문이다. 그래서 "건강
하시기 바랍니다", "행복하시기 바랍니다" 정도가 올바른 표현이다.
이와 같이 형용사를 잘못 쓰는 사례를 종종 볼 수 있다.

"너무 슬프지 마."

"더 이상 외롭지 말자."

'말다'는 금지의 표현으로서 동사와만 어울리는 말이다. "가지 마", "울지 마라", "말하지 마" 등과 같이 쓰이고, 위 예처럼 "슬프지 마", "외롭지 말자" 등 형용사와 함께 쓰이면 이상한 표현이 된다. "아프지 마요, 외롭지 마요, 슬프지 마, 고작 나 하나 때문에"와 같은 노래 가사도 있지만, 이 '아프지 마요, 외롭지 마요, 슬프지 마'는 모두 형용사와 '말다'가 어울린 것으로서 올바른 표현이 아니다.

이 "건강하세요", "행복하세요", "아프지 마세요" 등 형용사의 명령형에는 대체로 그러길 바라는 '기원'의 뜻이 담겨 있다. 그런데 기원의 뜻을 담은 "건강해야 해", "행복해야 해", "아프면 안 돼"와 같은 문법적인 표현도 의미적으로는 일종의 명령이라고 할 수 있다. 다만 "건강하세요" 등은 이것이 직접적인 명령형으로 표현된 것이다.

물론 이러한 말들은 형용사의 명령형이어서 잘못된 표현이다. 다만 '건강하라'와 같은 표현이 약 백 년 전에도 쓰인 예가 있고, "참되거라 바르거라 가르쳐 주신……"의 노랫말이나 "더도 말고 덜도 말고 한가위만 같아라"처럼 익숙한 표현들도 있다.

기원의 의미를 담은 형용사의 명령형에 대해 앞으로 좀 더 생각해 볼 필요는 있을 것이다. '슬프지 마', '외롭지 말자'와 같은 표현은 받아들일 수 없지만, 특히 '건강하세요', '행복하세요'와 같은 관용적인 인사말은 인정해도 되지 않을까 싶다.

사돈어른, 사장어른

'또 오해영'이라는 연속극이 방영된 적이 있다. 그 밝고 경쾌한 분위기에 끌려 나도 내내 재미있게 시청하였다. 그런데 극 중에 여자 주인공의 어머니가 장차 사위 될 남자 주인공에게 음식을 만들어 주는 장면이 나온다. 그 음식을 맛있게 먹으면서 남자 주인공의 남동생이 '사돈어른'의 음식 솜씨가 좋다며 너스레를 떤다.

이 예처럼 시동생이 형수의 어머니를 가리켜 '사돈어른'이라고 할 수 있을까? '어른'은 높임말이니 얼핏 가능할 듯도 싶다. 그러나 '사돈'은 기본적으로 같은 항렬의 사람끼리 부르거나 가리키는 말이다. 예를 들어 혼인한 두 집안의 부모들끼리 "사돈, 안녕하셨어요?", "사돈이 떡을 보내셨네"와 같이 말한다. 이 경우 '사돈어른'은 주로 바깥 사돈에게 쓰는 말이다.

상대방 집안의 위 항렬의 사람에 대해서는 '사장査丈어른'이라고 한다. 예를 들어, 사위나 며느리의 조부모는 위 항렬의 사람이므로 "사장어른, 손주가 결혼해서 좋으시죠?", "사돈, 사장어른도 건강하시죠?"와 같이 부르거나 가리키는 것이다.

동기 배우자(즉 형수, 제수, 매형, 매부, 올케, 형부, 제부)의 부모도 나에게는 위 항렬의 사람이다. 따라서 이 경우에도 '사장어른'이라고 부른다. 예를 들어, "어머니, 사장어른 오셨어요"와 같이 말할 수 있다. 그러니까 앞서 연속극의 등장인물은 '사돈어른'이 아니라 '사장어른'의 음식 솜씨가 좋다고 말했어야 하는 것이다.

이와 같이 혼인으로 맺어진 집안에서 같은 항렬의 부모끼리는 '사돈' 위항렬의 사람에 대해서는 '사장'으로 구별하여 부른다. 우리말은 이처럼 호칭어·지칭어까지 경어법에 따라 세분화되는 특징이 있으므로 잘 익혀 쓸 필요가 있다.

3장

국문법을 공부해 두면 평생 자산이 된다

맞춤법 이야기

맞춤법의
탄생

한글 맞춤법은 한글로 우리말을 적는 규칙이다. 얼핏 생각하면 이 맞춤법은 현대에 생겨났을 것 같지만 사실은 한글이 만들어짐과 거의 동시에 생겨났다. 세종은 1443년에 한글을 창제하고 1446년에 반포하는데, 이 반포라는 것은 『훈민정음』이라는 일종의 사용 설명서를 펴낸 일을 가리킨다.

이 『훈민정음』에 세종의 서문, 한글의 창제 원리 등과 함께 글자를 쓰는 방법을 정한 내용이 실려 있다. ㄱ, ㄴ, ㄷ, ㅏ, ㅑ, ㅓ, ㅕ 등 낱글자만 만들어 놓으면 실제로 어떻게 쓸지 알 수 없다. 그래서 '한'처럼 초성＋중성＋종성을 모아서 한 글자로 쓰도록 하고, '빛, 빛이'도 소리대로 '빗, 비치'라고 쓰도록 하는 등 문자를 적는 법을 정한 것이다.

이 첫 번째 맞춤법은 자랑스러운 일이었지만, 두 번째 맞춤법은 역경과 고난 속에서 탄생하였다. 현대적 의미로 최초의 한글 맞춤법은

1933년에 조선어학회에서 만든 '한글 맞춤법 통일안'을 가리킨다. 그리고 그 이후의 맞춤법은 1988년의 '한글 맞춤법'으로서 지금 쓰고 있는 맞춤법이다.

그런데 1933년의 통일안이 나오기까지 몇 가지 맞춤법이 있었다. 이 시기 맞춤법은 근대화와 밀접한 관계가 있었다. 근대 문명으로 나아가기 위하여 고종은 1907년 국문연구소라는 기관을 설치하여 한글 정비에 나서도록 하였다. 그 결과 한글 쓰기에 관한 새 방향을 제시한 안이 등장하는데 그것이 '국문연구의정안'(1909)이다.

이 안의 큰 특징 가운데 하나는 '빛, 빛이'처럼 단어의 본모습을 밝혀 쓴다는 것으로서, '빛, 빛이, 빛도, 빛만' 등 '빛'을 언제나 일정한 모습으로 적는 오늘날의 맞춤법 원리는 실질적으로 여기에서 시작되었다고 할 수 있다. 이 새로운 맞춤법은 여러 모로 큰 의의를 지닌 것이었지만, 아쉽게도 국가의 정세가 위태롭던 상황이어서 실제 빛을 보지 못하였다.

이후 일제 강점기 하에서 조선총독부는 학교 교육을 위해서 한글 맞춤법을 정하는데, 그것이 '보통학교용 언문철자법'(1912)이다. 국문연구의정안과는 전혀 다르게 '빗, 비치'처럼 소리대로 쓰는 표기법이었다. 이후 내용상 큰 변화가 없는 '보통학교용 언문철자법 대요(1921)'를 거쳐 1930년에 '언문철자법'이 등장한다. 이 맞춤법은 이전과 달리 '빛, 빛이'처럼 단어의 본모습을 밝혀 적는 것이 중요한 특징이다. 즉 애초의 국문연구의정안의 표기 정신으로 돌아온 셈이다.

이후 조선어학회는 본격적으로 맞춤법을 만들어 '한글 맞춤법 통일안'을 내놓게 된다. 이는 우리 학자들 손으로 만든 매우 정교한 맞춤법이다. 그 원리도 오늘날 우리가 쓰듯이 '빛, 빛이'처럼 단어의 본모습을 밝혀 적는 것이었다. 이 맞춤법은 당시 정세 상 '민간'에 의한 맞춤법일 수밖에 없었지만 내용면에서는 우리나라의 명실상부한 대표 맞춤법이었다고 할 수 있다.

이 맞춤법 제정의 큰 목적은 사전 편찬을 위한 것이다. 사전을 만들기 위해서는 맞춤법이 먼저 있어야 했기 때문이다. 일제 말기에 사전 편찬이 빌미가 되어 조선어학회 사건이 일어나니 국가의 흥망, 고난과 함께한 이 통일안의 의미는 가볍지 않다. 오늘날 한글 맞춤법은 이러한 영광과 고난의 역사가 쌓여 이루어진 결과물이다.

알고 보면 아름다운
맞춤법의 원리

한글은 소리글자이므로 말소리대로 적는 것이 원칙이다. '나, 너, 바람'은 소리 나는 대로 '나, 너, 바람'이라고 적는다.

그런데 한글 맞춤법은 단어의 본모습을 밝혀 적기도 한다. 예를 들어 '꽃이'는 소리대로 '꼬치'로 적지 않고 '꽃, 이'의 본모습을 밝혀 적은 것이다. '얼음'의 경우도 소리대로 '어름'으로 적지 않고 '얼-, -음'의 본모습을 밝혀 적는다. 이는 이 예들이 '꽃+이', '얼-+-음'으로 이루어져 있다는 말의 법칙, 즉 어법을 반영하여 적은 것이다.

이와 같이 어법을 반영하여, '꽃이, 꽃도, 꽃만'으로 적으면 '꽃'의 모습이 항상 같아서 알아보기 쉽다. '얼음'도 '얼-'의 모습을 밝혀 적으면 '얼다'와 관계있다는 것을 쉽게 알 수 있다.

그런데 이렇게 적으면 실제 말소리와는 꽤 달라지는 일이 생기기도 한다. '꽃만, 늙는다, 같이' 등만 보아도 말소리 [꼰만, 능는다, 가치]와 많이 다르다는 것은 알 수 있다. 결과적으로 오늘날 맞춤법은 '귀'로 듣는 국어가 아니라 '눈'으로 읽는 국어를 위한 것이다. 글은 보통 소리를 거치지 않고 시각을 통해 이해되기 때문이다. 이렇게 보면 왜 그냥 소리대로 '꼬치, 능는다, 가치'라고 적지 않고 힘들게 본모습을 밝혀 '꽃이, 늙는다, 같이'라고 적는지 이해된다.

주의할 것은 항상 이와 같이 단어의 본모습을 밝혀 적는 것은 아니라는 점이다. 예를 들어, '노래, 드러나다'는 그 본모습을 밝혀 '놀애, 들어나다'라고 적지 않고 소리대로 적는다. 한글 맞춤법은 여기에서 어려워진다. 어떤 때는 본모습을 밝혀서 적고, 어떤 때는 소리대로 적는 것이다. 이것을 정확히 구별하지 못해 잘못 쓰는 일이 많은데, 다음은 그러한 예들이다. 각각 '드러났다, 넘어졌다'라고 적어야 한다.

- 범인의 정체가 <u>들어났다</u>. (×)
- 발을 헛디뎌 <u>너머졌다</u>. (×)

그럼 어떤 경우에 그냥 소리대로 적는 걸까? 간단히 말하면 본모습대로 적어도 뜻을 이해하는 데 별 도움이 되지 않는다면 소리대로 적는다. 우선 '노래(놀+애), 나머지(남-+-어지)'의 '-애, -어지'처럼 '-이, -음' 외의 잘 모르는 접미사인 경우 소리대로 적는다. 또 '노름(놀

+음), 무녀리(문+열-+-이)'처럼 그 단어의 뜻('도박', '한 태에 낳은 새끼 중 가장 먼저 나온 새끼')이 원래 말에서 멀어진 경우에도 소리대로 적는 다. '드러나다, 사라지다' 등도 본뜻에서 멀어진 말이어서 소리대로 적는 예이다. 그리고 그 단어가 오늘날 쓰이지 않는 경우에도 소리대로 적는다. 아래 예를 보자.

- 발에 밟혀 <u>찌그러진</u> 깡통

이 단어를 '찌글어진'으로 적지 않는 까닭은 '찌글다'라는 단어가 없기 때문이다. 그러니 본모습을 밝혀 적을 수도 없다. '뭉크러지다, 얼크러지다, 쭈그러지다, 우그러지다' 등이 다 그런 예들이다.
이런 경우가 아니라면 본모습을 밝혀 적는 것이 원칙이다. 즉 '넘어지다'는 '넘-'이라는 단어가 있고, 본뜻에서 멀어진 것도 아니니 본모습대로 적어야 한다. 아래 예도 위 '찌그러진'과 달리 본모습대로 적는 예이다.

- 바람에 <u>헝클어진</u> 머리

앞의 '찌그러지다' 등을 떠올리면 '헝크러진'으로 적고 싶지만, '헝클다'라는 단어가 있기 때문에('머리를 헝클었다') 본모습을 밝혀 '헝클어진'으로 적는 것이다. 한글 맞춤법의 원리는 조금 까다로워 보이지만 서로의 편의를 위한 일이다. 수고스럽지만 이러한 원리를 알아 두면 더 발전된 국어생활을 할 수 있다.

띄어쓰기의
첫걸음

아주 기초적인 띄어쓰기인데도 지키지 않는 경우가 의외로 많다.
세 가지 유형을 보자.

- 그렇게 <u>생각 했어요</u>. (×)
- 좋은 <u>대안 이다</u>. (×)
- <u>나 부터</u> 하겠다. (×)

첫 번째 예는 '생각하다'와 같은 단어를 '생각 하다'처럼 띄어 쓰는
경우이다. 입사 원서에서 이 띄어쓰기를 제대로 했는지 눈여겨보는
심사위원도 있다고 한다. '생각하다, 검토하다, 면제되다' 등은 접미
사인 '하다'나 '되다'가 붙어서 된 '단어'이다. 그러므로 '극복 할, 존
재 한다, 해결 되어야'처럼 앞말과 띄어 쓰는 것은 잘못이다. 전체가

한 단어이기 때문에 당연히 '극복할, 존재한다, 해결되어야'로 붙여 써야 한다. 이러한 현상은 '생활화 합시다, 현대화 되면'처럼 앞말의 음절수가 늘어나면 더 심해진다. 당연히 이들도 한 단어이므로 '생활화합시다, 현대화되면'과 같이 붙여 쓴다.

두 번째 예는 '이다'를 앞말과 떼어서 쓴 것이다. '제안 이다, 통일 이고, 때문 이다'처럼 '이다'를 앞말과 떼어서 쓰는 경우가 종종 있다. 그러나 '이다'는 독립적으로 혼자서는 쓰이지 못하고 늘 다른 말에 붙어 의존적으로 쓰이는 말이기 때문에 '대안이지만, 통일이고, 때문이다'처럼 꼭 앞말에 붙여 써야 한다.

세 번째 예는 조사를 떼어 쓴 경우이다. 조사는 단어이지만, 자립성이 약하여 앞말에 붙여 쓴다. 그런데 의외로 이 조사를 다음과 같이 앞말과 떼어 쓰는 경우가 종종 있다.

- 자신 부터, 두 배 라고, 능력 보다는, 아이들 마저도, 7월 까지의, 친구 같이 (×)

이는 당연히 '자신부터, 두 배라고, 능력보다는, 아이들마저도, 7월까지의, 친구같이'로 붙여 써야 한다.

조사는 어떤 경우이든지 앞말에 붙여 쓴다. 앞말이 아무리 길고 복잡해도 반드시 붙여 써야 한다. 아래는 실제 대학생들이 쓴 예인데,

'내리면서부터였다, 미국에서처럼, 경쟁이라기보다는'과 같이 조사
는 언제나 앞말에 붙여 써야 한다.

• 내리면서 부터였다, 미국에서 처럼, 경쟁이라기 보다는 (×)

너무 기초적인 것이어서 대부분 독자는 '무슨 이런 것까지……'라
고 생각하겠지만, 그러한 예일수록 잘못이 두드러져 보인다. 이런 오
류는 글의 신뢰감을 확 떨어뜨릴 수 있으므로 주의하면 좋겠다.

'되'와 '돼'에
대하여

'되'와 '돼'의 표기에 어려움을 겪는 사람들이 적지 않다. 이 둘을 발음으로 구별하기는 어렵지만 대신 간단한 검증법이 있다. 즉 그 말을 '되어'로 바꾸어 보는 것이다. '돼'는 '되어'의 준말이니, 만일 바꾼 결과가 자연스러우면 '돼'라고 쓰고, 부자연스러우면 '되'라고 쓰면 된다.

이 검증법에 따라 다음은 잘못 쓴 예들이라는 것을 확인할 수 있다.

- ㉠ 그러면 안 되요. (×)
- ㉡ 그러면 안 돼지. (×)

㉠은 '되어요'로 바꿀 수 있는 말이니 '돼요'라고 적어야 한다. 반대로 ㉡은 '되어지'로 쓸 수 없는 말이니 '되지'라고 적어야 한다. 즉

㉠은 '그러면 안 돼요', ㉡은 '그러면 안 되지'가 올바른 표기이다.
다음 예는 주의할 필요가 있다.

- ㉢ 1등이 돼라.
- ㉣ 지금 교육은 모든 학생들더러 1등이 돼라는 것이다. (×)

위 ㉢의 '돼라'는 '되어라'의 준말이므로 올바른 표기이다. 그런데
㉣은 그렇지 않다. 이 경우는 '1등이 되어라는 것이다'로 바꾸어 보면
매우 어색하다. 따라서 이는 '1등이 되라는 것이다'라고 해야 바른 문
장이 된다. 좀 이해하기 어렵다면 '빨리 뛰어라는 것이다'라고 하지
않고 '빨리 뛰라는 것이다'라고 한다는 점을 생각해 보면 될 것이다.

그런데 이 진단법도 좀 어려워하는 경향이 있다. 그래서 '하다'를
이용하는 것도 한 방법으로 제안해 본다. 즉 '하'로 표현될 자리는
'되'로 적고, '해'로 표현될 자리는 '돼'로 적으면 된다. '하, 되'는 모
두 어간이요, '해, 돼'는 '하여, 되어'의 준말이니 같은 자리에서 쓰이
는 것이다.

즉 '안 하고'라고 하니까 '안 되고'로 적고, '안 해요'라고 하니까
'안 돼요'로 적는다. 마찬가지 방식으로 '1등을 하라는 것이다'라고
하니까 '1등이 되라는 것이다'로 적는다. '했, 됐'도 마찬가지로서,
'했으면, 했네'라고 하니까 '됐으면, 됐네'라고 적으면 된다. 참고로

'되다'의 과거형은 '되었다, 되었어, 되었네'이므로 그 준말은 '됐다, 됐어, 됐네'가 된다. 어떤 경우에도 '됬'이라는 표기는 없다.

　이런 진단법은 '(명절을) 쇠다, (볕을) 쬐다, (물이) 괴다' 등에도 똑같이 적용될 수 있다. 예를 들어, '잘 하고'라고 하니까 '잘 쇠고'로, '잘 해서'라고 하니까 '잘 쇄서'로 적는다. 마찬가지로 '잘 했니?'라고 하니까 '잘 쇘니?'로 적는다. 이런 '요령'을 동원해야 할 만큼 '되, 돼'의 표기에 어려움을 느끼는 경우가 많다. 무엇보다도 '돼, 됐'은 '되어, 되었'의 준말이라는 문법적인 사실을 아는 것이 중요하다.

'낫다'와 '낳다'는
하늘과 땅 차이

영희가 다리를 다쳐 누워 있는 고모의 병문안을 와서는, 사들고 온 음료수 병에 예쁜 쪽지를 붙여 선물하였다.

　"빨리 낳으세요."

그 쪽지를 읽은 고모가 깔깔 웃으면서, "그래, 내가 얼른 아기 낳을 게"라고 말했다는 맞춤법 유머가 있다. 이 유머의 '낳으세요'는 좀 너무하다 싶어도 정말 아기를 낳는 일에 '나으세요'라고 쓰는 실제 사례도 없지 않다. 아주 사소한 예에 불과하지만 이는 맞춤법 공부에 좋은 자료가 된다.

'낫다'는 '나아, 나으세요'처럼 활용할 때 'ㅅ'이 탈락한다. 이는 '벗다'가 '벗어, 벗으세요'처럼 'ㅅ'이 유지되는 것과 다르다. 'ㅅ'이 유지

되는 '벗다'는 규칙용언, 'ㅅ'이 탈락하는 '낫다'는 불규칙용언이라고 한다. 규칙용언 '벗다'는 '벗으세요'처럼 본모습을 밝혀 적지만, 불규칙용언 '낫다'까지 본모습을 밝혀 '낫으세요'라고 적으면 [나스세요]로 읽힐 수 있다. 그래서 소리 나는 대로 '나으세요'라고 적는다.

'낳다'는 규칙용언이다. 이 단어도 '낳아, 낳으세요'로 활용할 때 'ㅎ' 소리가 탈락하지만, '좋아, 닿아, 빻아' 등처럼 다른 단어들도 모두 'ㅎ' 소리가 탈락한다. 그래서 규칙용언이라고 하고, 이 경우 단어의 본모습을 밝혀 '낳으세요'라고 적는다. 이렇게 적어도 모든 단어들에서 'ㅎ'이 탈락하므로 [나흐세요]처럼 읽힐 염려가 없다.

'낫다, 낳다'는 둘 다 소리가 탈락하는 말이다. 그런데도 '나으세요', '낳으세요'처럼 적는 방식이 다른 것은 불규칙용언, 규칙용언에 따른 것이다. 이 둘을 혼동하여 쓰는 사람이 많지는 않지만, 표기 원리를 보면 그럴 수도 있겠다는 생각이 든다. '나으세요, 낳으세요'를 뒤바꿔 써서 놀림을 받는 소수의 사람들에게 약간의 위로가 될지 모르겠다. 그래도 잘 익혀 써야 한다.

자꾸 '쎄'지는
우리말 표현

산동대 한국학원 학생들은 '조금'이라는 단어가 나오면 어김없이 [쪼끔]이라고 읽는다. 한국인들도 일반적으로 그렇게 발음하니, 실제 발음을 잘 듣고 공부한 셈이다. 이 학생들의 발음은 전혀 문제가 아니다. 한국어 학습자로서 한국인들과 같게 말한 것인데다가 '조금' 외에 '쪼금, 쪼끔'도 어엿한 표준어이기 때문이다.

그런데 '(힘이) 세다'는 문제이다. '쎄다'는 없고 '세다'만 표준어이니 당연히 '세다'로 적고 [세다]로 발음해야 한다. 하지만 너도나도 [쎄다]라고 발음하고, '쎄다'로 적기도 하는 게 현실이다. 뉴스 기사에서조차 '쎈 바람, 더 쎄다'와 같은 표기를 쉽게 볼 수 있다.

이런 문제는 참 어렵다. "표준 발음이 [세다]이니, 그렇게 발음하세요"라고만 말하는 것은 원칙적이기는 하지만 실효가 없다. 약 20년 전의 한 일간지 칼럼에서 거칠어지는 말씨로 이 '쎄다'를 문제 삼기도 했지만 당시보다 전혀 줄어든 것 같지도 않다. 그러니 계속 원칙만 말하기도 어렵다.

이제는 이 발음의 현재를 인정하고, 미래를 계획해야 할 것 같다. 그 경우 당장 '세다'의 센말로 '쎄다'를 인정하는 방안이 있다. 다만 그 경우 '딲다, 뽑다, 짝다' 등 다양한 후보자가 나타나고, 급격한 표기의 변화와 혼란이 있을 수 있다. 그렇다면 표기는 '세다'로만 하고, 발음은 [세다]든 [쎄다]든 내버려 두는 방안이 있다. 어쩌면 이는 표기와 말소리가 일치하는 한글의 본질이 크게 흔들리는 방안일 수도 있다.

국어 정책자들에게 이는 무척 어려운 문제이다. 시간을 두고 관찰하고 고민해 볼 문제이다. 그러기에 우리 사용자들 역시 기다리고 협조할 수 있어야 한다. 적어도 표기만이라도 '세다'를 지켜 주는 노력이 필요하다. '힘이 쎄다'가 아니라 항상 '힘이 세다'로 적어야 한다.

귀가 아닌
눈을 위한 글쓰기

▌░▐▌ ░▐▐ ▐▌░▐▌

　인터넷을 보면 '귀여워'를 '커여워'처럼 착시 현상을 이용해서 다른 글자로 쓰는 일이 있다. '세종대왕'을 '세종머앟'처럼 쓰기도 한다. 이른바 '야민정음'이라는 것으로 일종의 유희적 글쓰기라고 할 수 있다.

　이 야민정음이 일상에서 벗어난 한글의 자유로운 일탈이라면, 그 반대쪽에는 보다 원칙적으로 써야 할 경우도 있다. 다음과 같은 예를 보자.

　　• 프리티걸정돈출줄아는데…….

　띄어쓰기는 차치하고, '정돈'은 줄여서 말하는 그대로 쓴 표기이다. 한글이 말소리를 그대로 나타내는 글자라고 해도 이는 읽기에 어려움을 준다. 물론 한글 맞춤법에 어긋난다고 하기는 어렵지만, 맞춤법의 정신에 비추어보면 바람직하지 못한 점도 있다.

맞춤법에서 '꽃만'을 '꼰만'으로 쓰지 않는 것은 '꽃'의 모습을 일정하게 보여 주어 읽기 쉽도록 하기 위한 것이다. 그런데 '정돈'은 '정도'의 모습이 가려져서 금방 알아보기 어렵다. 글은 기본적으로 귀로 듣는 것이 아니라 눈으로 읽는 것이다. 그러므로 '정도는' 즉 '프리티 걸 정도는 출 줄 아는데'처럼 써야 읽기에 편하다.

이와 같이 때로는 말과 다르게 보다 '정형적'으로 써야 할 때도 있다. '문제는 지금 부텁니다, 같은 경운지는 모르겠지만' 등도 가급적 '부터입니다, 경우인지는'으로 쓰는 것이 바람직하다. 말의 느낌을 그대로 전달하지 못하는 아쉬움은 좀 있겠지만, 그보다는 독자의 편의를 고려하는 것이 더 중요하기 때문이다.

행사를 치루겠다

｜ ▮▮▮ ▮▮▮ ▮▮▮ ▮▮▮ ｜

언젠가 딸애가 채팅을 하다가 '행사를 치루겠다'인지, '행사를 치르 겠다'인지 물었다. 둘 다 본 기억이 있으니 혼란스러웠던 모양이다.

'치르겠다'가 맞는 말이다. '행사/선거/시험/돈을 ~'의 '치르다'를 '치루다'로 잘못 알고 '치루고, 치뤄, 치뤘다'처럼 쓰는 경우가 적지 않다. 비슷한 예로서 '담그다, 잠그다' 등도 같은 식으로 잘못 쓰고는 한다.

- 김치를 <u>담궈</u> 봤어요. (×)
- 현관문 <u>잠궈라.</u> (×)

이 예들은 '담그고, 담가, 담갔다', '잠그고, 잠가, 잠갔다'처럼 활용 하는 단어들이다. 따라서 위 문장은 다음과 같이 써야 한다.

- 김치를 담가 봤어요.

- 현관문 잠가라.

이와 비슷한 모양의 단어로서 '들르다'는 흔히 '들리다'로 오해한다. 그래서 '들리고, 들려, 들렸다'처럼 잘못 쓰고는 한다.

- 잠깐 들렸다가 갈 수 있어? (×)

- 그럼, 퇴근하고 잠깐 들릴게. (×)

- 응, 그래. 꼭 들려. (×)

위 예들은 각각 '들렀다가, 들를게, 들러'라고 써야 한다. 많은 단어들이 변화를 겪고 있지만 바른 말을 사용하는 것이 바람직하다.

'부딪치다'로만 써도 된다

'부딪히다'와 '부딪치다'는 어떻게 다를까. 우선 꼭 '부딪치다'로 써야 할 때가 있다. 예를 들어 의도적으로 '닿게 하는' 능동적인 의미에서는 '부딪치다'라고 한다.

- 달걀을 그릇 모서리에 부딪쳐 깼다.

또 아래와 같이 어떤 사람을 우연히 만나거나 의견이 대립하는 뜻으로도 '부딪치다'라고만 쓴다. 언론 기사에서조차 이 경우 '사사건건 부딪힌다'처럼 쓰기도 하지만 잘못 쓴 것이다.

- 시내에서 초등학교 동창생과 부딪쳤다.
- 그들은 사사건건 부딪쳤다.

이 외에는 '부딪히다'와 '부딪치다'는 뚜렷이 구별되지 않는다. 사전적으로 '부딪히다'는 '부딪다'의 피동 표현이고, '부딪치다'는 강조 표현이다. 그래서 얼핏 다음과 같이 엄격하게 구별해서 써야 할 것 같다.

- 파도가 뱃전에 부딪히다.
- 파도가 바위에 부딪치다.

즉 파도가 움직이는 배에 닿는 것은 피동적인 상황이므로 '부딪히다'이고, 움직이지 않는 바위에 닿는 것은 피동적인 상황이 아니므로 '부딪치다'인 것이다.

그러나 이 둘은 바꿔 써도 괜찮다. 즉 '파도가 뱃전에 부딪히다'는 '파도가 뱃전에 부딪다'라고 할 수 있고, 이는 다시 '파도가 뱃전에 부딪치다'라고 할 수 있기 때문이다. '벽에 머리가 부딪히다'도 '벽에 머리가 부딪다'로 할 수 있고, 이는 다시 '벽에 머리가 부딪치다'라고 할 수 있다. 결국 '부딪히다', '부딪치다' 어느 것도 가능한 것이다.

물론 의미적으로 둘은 피동과 강조의 차이가 있다. 그러나 피동이든 강조이든 '부딪다'와의 관계에서 나오는 것인데, '부딪다'가 거의 쓰이지 않으니 피동과 강조의 의미도 뚜렷하지 않고, 따라서 '부딪히다'와 '부딪치다'의 의미 차이도 모호한 것이다. 사전의 예문 '아이가 한눈을 팔다가 선생님과 부딪혔다'와 '한눈을 팔다가 전봇대에 머리를 부딪쳤다'만 보아도 그 의미 차이가 거의 느껴지지 않는다. 실제로 사람들이 무언가에 닿는 상황을 피동과 강조의 상황으로 나누어 인식하는지도 불분명하다. 파도가 '움직이는 배'에 닿는 것은 피동의 상황으로, '정박해 있는 배'에 닿는 것은 강조의 상황으로 달리 인식한다고 말할 수 있을까.

따라서 앞에서와 같이 꼭 '부딪치다'로 써야 할 경우를 제외하면, 물리적으로 어딘가에 '닿다'는 뜻으로는 '부딪히다'인지, '부딪치다'인지 고민할 필요가 없다. '요령'의 관점이기는 하지만 언제나 '부딪치다' 한 가지로만 쓰면 적어도 틀릴 일은 없을 것이다.

'띄어' 쓸까,
'띄워' 쓸까

이런 질문을 받았다. '띄어 쓴다'라고 하는지, '띄워 쓴다'라고 하는지 궁금하다는 것이다. 한마디로 답하기에는 다소 곤란한 질문이다.

우선 '띄어'는 옳다. '띄어쓰기'라는 말도 있듯이, 다음과 같이 '띄어' 쓰라고 하는 것은 당연히 맞다.

• 한 칸 <u>띄어 쓰세요</u>.

이 '띄어'는 '띄우다'의 준말 '띄다'의 활용형이다. '띄어, 띄어라, 띄었다'처럼 쓰는 말이니까, '띄어 쓰다'라고 하면 된다.

문제는 '띄워'이다. 우선 '띄워쓰기'는 잘못된 표기이다. 이런 단어는 없기 때문이다. 그러면 '띄워 쓰세요'는 어떨까?

• 한 칸 <u>띄워</u> 쓰세요.

이는 한 단어인 것도 아니고, '띄워'는 본말 '띄우다'의 활용형이니까 문제될 것이 없다. '띄다'로는 '띄어 쓰다'라고 하고, '띄우다'로는 '띄워 쓰다'라고 하는 것이다. 즉 한 칸을 '띄고, 띄어서, 띄지 않고'라고 쓰듯이, 한 칸을 '띄우고, 띄워서, 띄우지 않고'라고도 쓸 수 있는 것이다.

다만 필자는 위 질문에 늘 '띄어'로 쓰는 게 좋겠다고 답했다. '띄어쓰기'와 짝을 맞추어 관용적으로 '띄어 쓰다, 띄어 쓰고, 띄어 쓰세요'처럼 쓰기 때문이다. 가능하면 글을 쓸 때는 사람들이 익숙하게 사용하는 대로 쓰는 게 좋다. 예를 들어 준말 '누명을 씌고', '누명을 씌우고'는 모두 올바른 표현이지만('씌다'는 '씌우다'의 준말이다), 독자와의 소통을 생각한다면 '씌우고'라고 하는 게 나은 것이다.

표준국어대사전에서 '띄다', '띄우다' 항목 가운데 띄어쓰기에 관한 용례는 '띄다' 항목에만 제시되어 있다.

• 두 줄을 <u>띄고</u> 써라.
• 다음 문장을 맞춤법에 맞게 <u>띄어</u> 쓰시오.

'띄우다' 항목에는 '나무를 심을 때는 간격을 좀 띄워서 심어야 한다', '책상과 의자를 좀 더 띄워라' 등은 있어도 띄어쓰기에 관련된 예문은 제시되어 있지 않다. '두 줄을 띄우고 써라'와 같은 표현이 틀려서가 아니라, '두 줄을 띄고 써라'가 훨씬 더 일반적이라고 보아서일 것이다.

'금새'가 아니라
'금세'

F 내0 V데 N에 N에

- 눈이 <u>금새</u> 피로해집니다. (×)
- <u>금새</u> 사랑에 빠져요. (×)

위 예문의 '금새'는 '금세'의 잘못이다. 이는 '금시에'가 줄어든 말로서 '금세'로 적는다. '금시今時'는 '바로 지금'을 뜻하는 말이다.

이 말을 '금새'로 잘못 적는 이유는 'ㅔ'와 'ㅐ'가 잘 구별되지 않는데다가 '요새'를 떠올렸기 때문일 수 있다. 그러나 '요새'는 '요사이'의 준말이어서 '요새'로 적고, '금세'는 '금시에'의 준말이므로 '금세'로 적는다.

'ㅔ'와 'ㅐ'를 잘 구별해서 써야 할 말로서 '-데'와 '-대'도 있다. '-데'는 자신이 직접 경험한 사실을 옮겨 말하는 어미로서 '-더라'와 같은 의미이다. 즉 '비가 오더라'의 뜻이라면 '비가 오데'라고 한다.

반면에 '-대'는 남의 말을 인용하는 어미이다. '-다고 해'가 줄어든 말이다. '다른 사람이 말하기를 비가 온다고 해'의 뜻이라면 '비가 온대'라고 쓸 수 있다. 이렇게 두 어미의 문법적 차이를 이해하면 아래 두 문장의 의미 차이도 쉽게 이해할 수 있게 된다.

- 그 영화 참 재미있<u>데</u>.
- 그 영화 참 재미있<u>대</u>.

'재미있데'의 예문은 화자가 직접 영화를 보고 자신의 소감을 말하는 뜻이고, '재미있대'의 예문은 영화를 본 다른 사람의 소감을 전달하는 뜻이다. 그래도 글을 쓰다가 혼동된다면 '-더라'와 '-다고 해'로 바꾸어 표현해 보면 쉽게 알 수 있다. '-더라'로 바꿀 수 있으면 '-데'로 쓰고, '-다고 해'로 바꿀 수 있으면 '-대'로 쓴다.

이 'ㅔ, ㅐ'는 말소리로는 잘 구별되지 않으니 이렇게 각 사례별로 익혀 둘 필요가 있다. 작은 글씨로 된 책을 읽으면 눈이 아프다. 그런 경험을 말한다면 '눈이 금세 피로해지데'라고 할 수 있고, 그 말을 들은 사람은 '눈이 금세 피로해진대'라고 말을 전할 수 있는 것이다.

적는 법도 가물거리는
'하오체'

딸애가 필자와 메시지를 주고받을 때 가끔 재미 삼아 하오체를 쓴다.

- 모르겠오. 아직 안 받았오. (×)
- 오늘 내 저녁이었오. (×)

잊혀 가는 하오체를 재미있게 살려 썼지만, 표기가 틀렸다. '모르겠소, 받았소, 저녁이었소'라고 써야 한다. 하오체의 '-으오, -오'와 '-소'는 대개의 경우 구별하기 어렵지 않지만, 위와 같이 어미 '-았/었-, -겠-' 뒤에서는 착각하기 쉽다. '받았소'의 [쏘]를 '-았-'의 받침소리라고 생각하여 '받았오'라고 잘못 적을 수 있는 것이다. 그러나 어미 '-았-, -겠-' 뒤에는 '-소'가 쓰인다. '먹었소, 갔소, 알겠소,

가겠소' 등 항상 '소'로 적는다. 즉 '~었오, ~겠오' 같은 표기는 없는 것이다.

이 '-소'는 받침 있는 어간과 결합하여 '먹소, 깊소, 그렇소'처럼 쓰인다. 이 경우 '-으오'도 같이 쓰일 수 있어서 '먹으오, 깊으오, 그러오'처럼 쓰인다. 그러므로 다음과 같은 경우는 '있소, 없소'가 된다. '있으오, 없으오'도 가능하겠으나 거의 쓰이지 않는다.

- 아무도 없소?
- 여기 있소.

'-소', '-(으)오'의 표기가 비교적 까다롭게 느껴지는 것은 그 쓰임이 적어진 데도 원인이 있을 것이다. 필자가 어릴 때만 해도 어른들끼리 '하오체'를 자주 쓰는 걸 볼 수 있었다. 지금은 필자도 거의 써 본 적이 없을 정도로 사라져 가고 있다.

학과의 한 선생님은 나이가 적은 필자에게 종종 "이것 좀 하소", "먼저 가소"라고 하오체를 쓰신다. 경북 분이라서 표준어 '하오' 대신 '하소'라고 하는 것이지만 필자는 왠지 모를 정겨움을 느낀다. 그래서 이 사라져 가는 '하오체'를 보는 마음이 못내 허전하다.

'어떻게요'와
'어떡해요'

간단한 맞춤법 문제 하나를 풀어 보자. 아래 두 상황을 읽고, 예문의 빈칸에 알맞은 말을 '보기'에서 고르면 된다.

〈보기〉 ㉠ 어떻게요 ㉡ 어떡해요

상황1

• 큰일 났어요, 기차 시간이 10분밖에 안 남았어요.

• 걱정 마, 갈 수 있어.

• 아니, _____ ?

상황2

• 오다가 넘어져서 발을 삐었어요.

• 저런, _____?

정답은 순서대로 ㉠, ㉡이다. 상황1은 '어떻게' 갈 수 있는지 방법을 묻는 것이고, 상황2는 '어떻게 하냐'고 걱정해 주는 것이다.

가끔 '상황2'와 같은 경우에 어떻게 써야 할지 몰라 '어떻해요'와 같이 적기도 하는데 '어떡해요'로 적어야 한다. 이 '어떡하다'는 '어떻게 하다'가 줄어든 말이다. 즉 '어떻게 해, 어떻게 하니, 어떻게 할까' 등이 줄어들면 '어떡해, 어떡하니, 어떡할까' 등이 된다.

같은 방식으로 '그렇게 하다, 이렇게 하다, 저렇게 하다'가 줄어들면 '그럭하다, 이럭하다, 저럭하다'가 된다. "그럭하면 안 되죠"처럼 쓰일 수 있다. 또 별로 쓰이는 말은 아니지만 '고렇게 하다, 요렇게 하다, 조렇게 하다' 등이 줄어들면 '고럭하다, 요럭하다, 조럭하다'가 된다. 일정하게 줄어드는 규칙을 알아 두면 글쓰기에 도움이 된다.

'처'와 '쳐'는
구별해야 한다

인터넷 블로그에서 단어를 검색해 보다가 깜짝 놀랐다. '처들어가다, 처들어오다'로 적은 예가 '쳐들어가다, 쳐들어오다'보다 훨씬 많은 것이다.

- 마음 같아선 처들어가고 싶었죠. (×)
- 우리 집에 외계인이 처들어왔어요. (×)

'쳐, 처'는 모두 [처]로 발음되어 말소리로는 구별되지 않는다. 그런데 '쳐들어가다'의 경우 '쳐'로 적는 것은 '치어'의 준말이기 때문이다. '이기어, 다니어, 그치어'의 준말을 '이겨, 다녀, 그쳐'로 적는 것과 같다.

발음으로 구별되지 않고 '처먹다, 처박다' 등 함부로 하는 행동의 동사들과 뜻이 통하는 느낌도 있어서 '처들어가다, 처들어오다'로 잘못 적는 것으로 보인다. 더욱이 요즘 '처맞다, 처사다' 등 '처~'가 유행하는 데 이끌린 점도 있을 것이다.

그러나 이 둘은 구별해야 할 말이다. '처먹다' 등은 '마구, 많이'의 뜻을 지닌 접두사 '처-'가 결합한 말이다. 대체로 속된 느낌을 준다. '쳐들어가다'는 '치다'와 '들어가다'가 결합한 말이다. '치어(치-+-어)'가 '쳐'로 줄어 '쳐들어가다'가 된다.

'쳐부수다, 쳐다보다'도 '처'로 잘못 적는 일이 많다.

- 문 처부수고. (×)
- 하늘 한 번 처다보고. (×)

'쳐부수다'는 '치어'의 준말 '쳐'로 써야 하고, '쳐다보다' 역시 '치어다보다'의 준말로서 '쳐'로 적는다. '쳐, 처'는 발음으로 구별되지 않으므로 어법으로 잘 구별해서 써야 한다.

'촛불'의
사이시옷

지난 촛불 시국 때는 수백만 개의 촛불이 이 땅의 밤을 밝혀 주었다. 촛불은 '바람 앞의 촛불'처럼 연약함을 상징하기도 하지만, 촛불 아래 기도하는 어머니의 모습처럼 간절한 염원과 경건함의 상징이기도 하다.

'촛불'은 '초＋ㅅ＋불'로 이루어진 말이다. 이 사이시옷('ㅅ')은 명사와 명사로 이루어진 합성어에 쓰이는데, '냇가, 나뭇잎'처럼 순우리말로 된 경우, '종잇장, 처갓집, 존댓말'처럼 한자어와 순우리말로 된 경우에 앞말에 받쳐 적는다.

'촛불'은 '순우리말＋순우리말'로 이루어진 말로서 사이시옷을 받쳐 적는 예이다. '초'는 원래 한자어 '燭(촉)'에서 온 말로, 옛말에서는 '쵸'라고 하였고, 이후 소리가 변하여 '초'가 되었다. 오늘날 이 말은 순우리말로 분류된다. 따라서 '촛농(-膿), 촛대(-臺)'도 '순우리말＋

한자어'로 보아 사이시옷을 받쳐 적는다. 만일 '초'를 그 기원에 따라 한자어라고 한다면 '초농, 초대'로 적어야 하겠지만, 오늘날에는 순 우리말로 분류되기 때문에 사이시옷 표기를 하는 것이다. '찻잔, 찻 상, 찻장' 등도 같은 예이다. '차' 역시 한자어 '茶(차, 다)'에서 왔지만 오늘날 순우리말로 인식되는 말이다. 따라서 '찻잔' 등도 '순우리말 +한자어'로 보아 사이시옷을 받쳐 적는다.

지난 시국 때 촛불과 함께 횃불이 종종 등장하기도 하였다. '횃불' 은 '홰+ㅅ+불'로 이루어진 말이다. '홰'는 불을 붙이는 데 쓰기 위해 싸리 등 나뭇가지 따위를 묶어 만든 물건이다. 촛불보다 더 큰 불이어서 격동적인 느낌을 준다.

'촛불, 횃불' 모두 사이시옷 표기를 하는 공통점을 갖고 있다. 이 사이시옷은 '사람 인ㅅ' 자를 닮았다. 온 국민이 마음을 담아 받쳐 든 불이라는 생각이 든다. 우리 사회가 늘 그와 같은 국민의 뜻을 존중하는 사회가 되기를 소망해 본다.

'로서'와 '로써'
제대로 쓰기

학생들의 글을 보면 '로서'를 '로써'로 잘못 쓰는 경우가 참 많다. 한번은 대학생들의 자기 소개서를 읽어 본 적이 있는데, '~로서'라고 쓸 말을 하나같이 '~로써'라고 쓰고 있었다. 다음의 '제작자로써, 학생으로써'는 '제작자로서, 학생으로서'라고 써야 할 말이다.

- 이를 통해 1년 동안 제작자로써 마이크도 잡을 수 있었죠. (×)
- 학생으로써 제일 중요한 것은 공부이다. (×)

자주 이야기되는 것이지만, '로서'는 어떤 명사 뒤에 붙어 '자격'을 나타내 주는 말이다. 위 예문은 '제작자의 자격으로, 학생의 자격(신분)으로'와 같은 뜻이므로 '제작자로서, 학생으로서'와 같이 적어야 하는 것이다.

이와 달리 '로써'는 '도구'를 나타내는 말이다. 즉 '~을 가지고'의 뜻이다. 예를 들어, '가위로써 종이를 자르다'에서 가위는 도구이므로 '가위로써'라고 적는 것이다. 이 '로써'는 흔히 '가위로'처럼 '써'를 생략하기도 한다.

필자의 학창 시절에도 '로서'와 '로써'의 구분을 배웠던 기억이 있다. 지금도 마찬가지여서 학교에서는 일찍부터 이 두 조사의 차이점을 가르친다. 그런데도 대학생들의 자기 소개서를 보면, 언제 배웠느냐는 듯이 '로서'는 사라지고 '로써'만 남아 있다.

'로서'를 흔히 '로써'라고 잘못 적는 이유는 대부분 사람들이 이 조사를 [로써]라고 잘못 발음하는 데 원인이 있다. 이러한 잘못된 발음에 이끌려 '로써'라고 적지 않도록 해야 한다. '로서'는 [로서]로 발음하고 '로서'로 적는다.

숫자 쓰기와 읽기

산동대의 한국어 시간에 한 학생이 글을 읽어 가다가 '10명쯤' 앞에서 잠시 망설이더니 [십명쯤]으로 읽는다. '열 명'이라는 표현을 몰라서가 아니라 '10'은 '십'이니까 '십 명'이라는 말도 있나 보다 하고 읽었을 것이다.

아라비아 숫자 1, 2, 3, 10, 15 등은 '일, 이, 삼, 십, 십오'처럼 한자어로 읽으니까 외국인 학생들이 혼란을 느끼는 것은 당연하다. 아마 교재에서 한글로 '열 명쯤'이라고 썼다면 그런 혼란은 없었을 것이다.

그럼 교재의 '10명쯤'은 잘못된 표기일까? 사실 한글 맞춤법에는 이에 대한 규정이 없다. 다만 오랫동안 '한, 두, 세, 열, 열다섯' 등으로 읽어야 할 자리에 아라비아 숫자를 쓰는 것은 잘못이라고 설명되어 왔다. 그래서 '3잔, 5달, 20살'이라고 써서는 안 되며 '세 잔, 다섯 달,

스무 살'이라고 써야 한다고 했다.

그런데 아라비아 숫자는 금방 알아볼 수 있고 빠른 속도로 쓸 수 있는 장점이 있다. 예를 들어 메모를 하면서 '28살' 대신 '스물여덟 살'이라고 적는 경우는 거의 없을 것이다. '회원 수는 백스물여섯 명이다'보다는 '회원 수는 126명이다'가 훨씬 알아보기 쉽다. 이렇게 아라비아 숫자는 가독성이 높아서 대중들도 선호한다. 근래의 국립 국어원 온라인 가나다 답변에서도 '10명'과 같은 표기를 인정하고 있다. 이렇게 하면 대중들의 글쓰기도 훨씬 자유로워진다.

이처럼 아라비아 숫자 표기는 읽기와 쓰기에 모두 도움이 된다. 다만 상황에 따라 적절하게 가려 쓰는 지혜도 필요하다.

- 1번째, 2번째
- 10에 8은…….
- 4각형, 4차원, 8등신
- 이 책은 3장에 걸쳐…….

'1번째, 2번째'는 '첫 번째, 두 번째'와 같이 익숙한 표기가 있고, 한자어 '일, 이'로 읽히는 경우도 아니므로 바람직한 표기가 아니다. '첫 번째, 두 번째'처럼 한글로 적어야 한다. '10에 8은 ……'은 '열에 여덟은 ……'이 거의 관용적인 표현이라는 점에서 한글 표기가 바람직하다. '하나는 알고 둘은 모른다'를 '1는 알고 2은 모른다'라고 적으면 매우 이상한 표기가 되는 것과 비슷한 이치이다.

'일, 이, 삼'으로 읽히는 경우에도 조심해서 쓸 필요가 있다. '4각형, 4차원, 8등신' 등은 '사각형, 사차원, 팔등신'이 단어이므로 한글로 적는 것이 바람직하다. '팔각정, 팔방미인'을 '8각정, 8방미인'이라고 적지 않는 것과 같다.

혼동의 여지가 있을 경우에도 분명하게 구별하여 적는 것은 필요하다. 예를 들어 '이 책은 3장에 걸쳐……'라고 한다면, 세 번째 장을 가리키는지, 세 개의 장을 가리키는지 모호하다. 후자의 뜻이라면 '세 장에 걸쳐'와 같이 적어야 한다.

이런 주의만 기울일 수 있다면 아라비아 숫자 표기를 너무 엄격하게 제한하지 않는 게 편한 표기법이 될 수 있다. 앞서 한국어 교재의 '10명쯤'은 그렇게 적되, 읽는 이가 문맥에 따라 적절히 읽을 수 있으면 되는 것이다.

'피시방'과
'PC방'

주변의 상가를 둘러보면 '피시방'도 있고 'PC방'도 있다. 국어사전에는 당연히 '피시방'으로 올라 있지만 인터넷 기사만 해도 'PC방'이 압도적으로 우세하다. 이처럼 영문자가 그대로 쓰이는 일이 빈번해졌다.

'K모 씨, A양, B동' 등 단순한 기호로서 쓰이는 경우는 논외로 하더라도 상당히 많은 예를 볼 수 있다.

- KBS, MBC, LG, SK, CGV, FIFA, IOC, 2NE1, AOA, EU, UN, APEC, NASA, KAIST, TV, PC, CD, MP3, CCTV, QR코드, e-티켓, U-턴, UCC, OA, R&D, VOD, T/F, K-리그, FC서울, K-팝, AI, KO, ㅇPD 등.

이런 예들은 글에서 표기할 때 꽤나 곤란한 듯하다. 언론 기사만 봐도 'MBC', '엠비시', '엠비시(MBC)', '문화방송(MBC)' 등이 한 언론사의 기사 안에서도 혼용된다. 한글로 적는 것이 더 원칙적이라고 생각하면서도 실제 'MBC'처럼 간단히 적고 싶기도 하다.

일단 규범적으로 이들을 한글로 적는 건 문제될 게 없다. 국어사전은 당연히 '이유, 유엔, 카이스트, 티브이, 피시, 나사, 나토, 브이오디, 시디, 에이아이, 케이오, 피디' 등으로 올린다.

그런데 KBS, MBC, LG, SK 등 로마자 표기는 식별성이 높은 장점이 있다. 그래서 '에이오에이'도 좋지만 'AOA'라고도 적고 싶다. 'K-리그, K-팝'은 'Korea'와의 연관성을 보여 주기도 쉽다. '이-티켓'보다는 'e-티켓'이 '전자적'의 의미를 더 잘 드러낸다. 마찬가지로 '피시방'보다 'PC방'이 더 선호되는 데는 나름대로 까닭이 있는 것이다.

국어 기본법에서 공문서의 경우, 외국 문자는 괄호 안에 넣도록 되어 있다. 그러나 공문서를 떠난 국어 생활에서 대중의 다양한 표기 욕구를 이렇게 좁게 제한하기는 어려울 것이다. 한글 속 로마자 섞어 쓰기의 원칙과 방향을 정리해 볼 때가 아닐까 싶다.

다만 로마자를 그대로 쓰는 것이 규범으로 허용된다고 하더라도 대중의 균형 감각은 필요하다. '유엔, 나토, 나사, 카이스트, 티브이, 피시, 시디, 유턴, 피디' 등 한글 표기를 늘 생각하고 존중하는 마음이 있어야 한다. 가령 '청년 U-턴 효과'보다는 '청년 유턴 효과'가 낫지 않을까. '그자집'이 아니라 '기역자집'이라고 하듯이 단어로서 익숙한 말은 한글 표기를 먼저 생각해야 한다. 또 때로는 'T/F, OA'보다는 '전담팀, 사무 자동화'처럼 쉬운 말을 쓰는 태도도 중요하다. 대중이 이런 균형 있는 감각만 지닌다면 한글 속의 로마자도 긍정적으로 접근할 수 있을 것이다.

'만 원의 행복'만큼 중요한
'만 원'의 띄어쓰기

'만 원의 행복'이라는 텔레비전 프로그램이 있었다. 이 말이 크게 유행하여 곳곳에서 홍보용 문구 등으로 사용하고는 했다. 그 경우 거의 예외 없이 '만원의 행복'처럼 '만 원'을 '만원'으로 붙여 썼다.

원래 텔레비전 프로그램은 늘 '만 원의 행복이 뜬다'처럼 바르게 띄어 썼고, 자막에도 '이 모든 게 단돈 만 원', '무려 10개 제품이 만 원', '만 원에 가구를 살 수 있다?' 등 띄어쓰기를 정확하게 하였다. 이러한 방송국의 노고에도 불구하고 대중은 한결같이 '만원'으로 붙여 쓰고 있는 것이다.

이는 자주 쓰는 표현이니까 띄어쓰기를 정확히 하는 것이 좋겠다. 화폐 단위 '원'은 의존명사이므로 '백 원, 천 원, 만 원'처럼 앞말과 띄어 쓴다. 다만 아라비아 숫자 뒤에는 붙여 쓸 수 있어서 '100원, 1000원, 10000원'처럼 쓸 수 있다. '만 원'은 지폐 한 장 단위이기도 하고,

매우 자주 쓰는 말이어서 한 단어처럼 '만원'으로 붙여 쓰고 싶은 마음도 들 수 있다. 그러나 띄어쓰기 원칙에 따라 써야 한다.

한편, '만 원' 등의 금액 뒤에 붙는 말로 '어치, 짜리, 가량' 등이 있는데 이 말들은 모두 접미사이다. 그래서 앞말에 붙여 쓴다.

- 만 원어치 주세요.
- 만 원짜리 없어요?
- 만 원가량 합니다.

그런데, '만 원가량'은 흔히 '만 원 정도'라고도 표현한다. 이때 '정도'는 의존명사이므로 앞말에 띄어 쓴다.

- 만 원 정도 합니다.

뜻도 쓰임도 비슷한 '가량'과 '정도'가 각각 접미사, 의존명사로 나뉜다는 것은 참 어려운 문법 지식이다. 하지만 이러한 문법적 지식도 익혀 둘 필요가 있다.

'〜는데'의
띄어쓰기

자기 혼자서는 쓰일 수 없고 늘 다른 말에 기대어 쓰이는 '것, 수, 줄, 바, 나름' 등을 의존명사라고 한다. 이 의존명사는 앞말과 띄어 써야 한다. 아래 예는 이 규칙을 지키지 않은 것이다.

- 정할수 없다. (×)
- 떠날줄 모른다. (×)

짧은 예지만 다음과 같은 올바른 띄어쓰기를 꼭 기억했으면 좋겠다.

- 정할 수 없다.
- 떠날 줄 모른다.

그런데 어떤 경우에는 의존명사와 어미를 구분하기 어려우므로 잘 가려 써야 한다. 한 예로 의존명사인 '데'를 어미 '-는데'와 혼동하여 붙여 쓰는 예가 매우 많다. 이 둘은 문법적으로 전혀 다르다.

- 공연을 강행했는데 결국 사고가 났다.
- 새 계획을 추진하는 데 장애가 된다.

첫 번째 문장의 '-는데'는 사건의 전환을 나타내는 어미이다. 그러나 두 번째 문장은 전환의 의미와는 상관없는 의존명사 구성이다. 그래서 '~는 데에'처럼 조사 '에'가 붙을 수도 있고, 많은 경우 '~는 데 있어'처럼 '있어'가 결합할 수도 있다.

이 점에서 아래 예문의 '데'는 어미의 일부가 아니라 의존명사라는 것을 알 수 있다. 그래서 이 예들은 모두 띄어 쓴 것이다. 이 띄어쓰기의 모습도 꼭 기억해 두면 좋겠다.

- 우리 고장이 발전하는 데 기여했다.
- 살아가는 데 있어 큰 문제가 아니다.
- 역사를 바로잡는 데 큰 도움이 되는 일이다.

'만하다'와
'만 하다'

다음 중 띄어쓰기가 올바른 것은 무엇일까?

    ⊙ 형만한 아우 없다. ⓛ 형 만한 아우 없다. ⓒ 형만 한 아우 없다.

   정답은 ⓒ이다. 이 예의 '만'은 조사이고 '하다'는 형용사이다. 따라서 단어별로 띄어 쓰되 조사는 앞말에 붙여 쓰는 원칙에 따라 '형만한'으로 쓴다. 이는 '형만 못하다'를 생각해 보면 쉽게 이해간다. '형만 못하다'라고 띄어 쓰듯이 '형만 하다'도 같은 식으로 띄어 써야 하는 것이다.

   다음 중 띄어쓰기가 올바른 것은 무엇일까?

    ⊙ 먹을만하다. ⓛ 먹을 만하다. ⓒ 먹을만 하다. ⓔ 먹을 만 하다.

정답은 ㉠, ㉡이다. 위 '형만 한'과 같은 모양은 ㉢이지만 이는 정답이 아니다. 둘은 성격이 전혀 다른 것으로 '먹을 만하다'의 '만하다'는 보조형용사이다. 따라서 '먹을 만하다'로 쓰는 것이 원칙이고, 보조용언은 본용언에 붙여 쓰는 것도 허용되므로 '먹을만하다'로 쓸 수도 있다. 그런데 '만하다' 사이에 조사가 개입하면 '먹을 만도 하다'처럼 띄어 쓴다. '만도 하다'가 한 단어는 아니기 때문이다. 이 경우 '만'은 의존명사이고 '하다'는 형용사이다.

이상과 같이 '만+하다'의 구성은 꽤 복잡하다. '형만 한'에서는 조사＋형용사, '먹을 만하다'에서는 보조형용사, '먹을 만도 하다'에서는 의존명사＋형용사이다. 다만 '만하다'를 의존명사＋형용사 구성으로 보는 문법학자들도 적지 않은데, 이 경우라면 위 ㉣처럼 '먹을 만 하다'로 띄어 써야 한다. 그러나 현재 규범은 '만하다'를 보조형용사로 보는 전통적인 견해에 따라 '먹을 만하다'로 쓴다. 띄어쓰기는 이와 같이 문법적 이해를 요하는 내용이 적지 않다.

'우리나라'는
어느 나라인가

중국 대학생들을 대상으로 한 '한국어 말하기 대회'의 여러 주제들 가운데 '우리 나라'가 있었다. 한국의 한 기관에서 주최하는 대회이다 보니, 순간적으로 한국을 말하는 것인지 중국을 말하는 것인지 혼란스러웠다.

그 띄어쓰기를 믿는다면, 이는 중국을 가리킨다. 붙여 쓰는 '우리나라'는 국어사전에 '우리 한민족이 세운 나라를 스스로 이르는 말'로 올라 있기 때문이다. '우리말, 우리글'도 각각 한국어, 한글을 우리 스스로 이르는 말로서 붙여 쓴다. 따라서 '우리나라, 우리말, 우리글'은 단순히 우리의 나라, 말, 글이라는 뜻을 넘어 '한국, 한국어, 한글'을 가리키는 말이다.

이 사전의 뜻풀이대로라면 중국 학생이 자신의 나라를 가리키는 말은 '우리 나라'이다. 그래서 한국어 교사는 그들의 한국어 작문에 쓰인 '우리나라'를 '우리 나라'로 교정해 주어야 한다. 그러나 정말 그래야 한다면, 이것은 참 이상한 맞춤법이라는 생각이 든다. 한국 학생과 중국 학생이 "우리나라는 산이 많아", "우리 나라는 땅이 넓어"라고 사이좋게 대화를 나누는데, 그 '우리나라, 우리 나라'는 다른 말일까?

아마 이런 두 가지 띄어쓰기를 계획했던 것은 아닐 것이다. 한국어는 한국인이 쓰는 거니까, 한국어인 '우리나라'는 당연히 한국을 가리킨다고 생각한 결과일 것이다. 그러나 중국인도, 미국인도, 일본인도 한국어로 말할 수 있고, 그러니 '우리나라'가 한국을 가리킨다고만 하면 곤란한 문제가 생기고 만다.

'우리나라, 우리말, 우리글'이 제 나라, 말, 글을 가리키는 의미라고 해야, 외국인이 한국어로 말하는 상황에도 맞고, 이상한 띄어쓰기 시비도 생기지 않을 것이다. 어쩌면 우리 스스로 한국어는 한국인만 쓰는 말이라는 무의식적 사고에서 벗어나지 못하고 있는 것인지도 모른다.

'빌려주다'와
'빌려 주다'

다음 중 띄어쓰기가 올바른 것은 무엇일까?

    ㉠ 책을 빌려 주었다.

    ㉡ 책을 빌려주었다.

   정답은 ㉡이다. '빌리다'는 '남의 물건 따위를 돌려주기로 하고 가져다 쓰다'의 의미를 지닌 말이다. 이 뜻의 단어는 원래 '빌다'였고, '빌리다'는 그 반대로 '나중에 돌려받기로 하고 남에게 제 물건을 내주다'의 의미였다. 그런데 점차 '빌리다'가 원래 뜻으로는 쓰이지 않고 '빌다'를 대신하여 쓰이게 되자, 익히 알듯이 1988년 '표준어 규정'에서 '빌리다'를 표준어로 삼고 '빌다'는 비표준어로 처리하였다.

   즉 남의 물건을 가져다 쓰는 뜻으로 '빌다'는 사라지고 '빌리다'가 그 자리를 차지한 것이다. 그러면 '빌리다'가 원래 쓰이던 자리, 곧 제 물건을 내주는 의미로는 어떤 말이 쓰이는 것일까? 바로 '빌려주다'이다. "책도 빌려주고, 돈도 빌려주고, 쌀도 빌려주고"처럼 쓰인다.

이 '빌려주다'는 한 단어로서 붙여 쓴다. 만일 위 ㉠처럼 '빌려 주다'로 떼어 쓰면, 제 물건을 내주는 의미가 아니라 남의 물건을 가져다 쓰는 의미가 되고 만다. 즉 '(짐을) 들어 주다, (노래를) 불러 주다, (아기를) 업어 주다'가 들고, 부르고, 업는 것이듯이 '(책을) 빌려 주다'는 '빌리는' 행위가 되는 것이다.

'빌려주다'는 그 속에 제 물건을 내준다는 '빌리다'의 원래 의미가 녹아 있다. 아마 그런 의미로 쓰이던 시기의 '빌려 주다'가 굳어져 단어 '빌려주다'가 되었을 것이다. 표준국어대사전도 처음에는 이를 표제어로 올려놓지 않았지만, 현재는 한 단어로 올려놓고 있어 '빌려주다'가 단어라는 점을 분명히 하고 있다. 작은 띄어쓰기 문제 하나지만, '빌려 주다'와 '빌려주다'에 관한 관심 하나가 우리말을 더욱 가다듬는 데 큰 힘이 될 것이다.

'한잔'과
'한 그릇'

'한 번'과 '한번'은 뜻이 다르다. 예를 들어 '한 번'은 말 그대로 '한 차례'라는 뜻으로 '두 번, 세 번'과 어울릴 수 있는 표현이다. 그래서 '딱 한 번 읽어 보았다'처럼 띄어 쓴다.

반면에 '한번'은 '시험 삼아' 등의 의미로서 구체적인 횟수를 나타내는 말이 아니다. 이 경우는 한 단어로서 '어디 한번 읽어 볼까?'처럼 붙여 쓴다. 그렇다면 '다시 한번'인지, '다시 한 번'인지 궁금한데, 표준국어대사전은 '다시 한번'으로 붙여 쓴다. 구체적으로 한 차례의 횟수를 나타내는 의미는 아니라고 보아서일 것이다.

이러한 방식은 '한 잔, 한잔'에서도 볼 수 있다. '한 잔'은 말 그대로 '하나'의 잔이고, '한잔'은 '간단하게 한 차례 마시는 차나 술 따위'를 뜻하는 말이다. 그래서 '한 잔, 두 잔 마시다보니 취했다'라고 쓰고, '술 한잔 하지?', '커피 한잔 마시고'처럼 쓴다.

이 '한번, 한 번', '한잔, 한 잔'의 띄어쓰기는 매우 논리적이지만 '한'의 띄어쓰기는 꽤 어렵게 느껴지기도 한다. 당장 '커피 [한잔] 시켜 놓고'는 띄어 써야 할지 말지 판단하기 쉽지 않다. 한 잔만 주문했으니 '한 잔'이라고 해야 될 것 같은데, '커피 한잔 마시고'의 '한잔'과 비슷한 의미로도 느껴져 '한잔'으로 쓰고 싶기도 하다.

물론 많은 경우 국어사전이 도움이 된다. 예를 들어 '한걸음'에 달려가다, 밥 '한술' 먹다, '한칼'에 쓰러지다, '한주먹' 감이다, '한입' 가득, 바둑 '한판' 두다, '한차'로 가다, '한발' 앞서다, 말 '한마디' 없다 등은 사전에 올라 있으므로 모두 붙여 쓰면 된다. '천 리 길도 한 걸음부터'는 말 그대로 '하나'의 걸음이므로 띄어 쓰고 '반가워서 한걸음에 달려가다'는 붙여 쓴다. '짐을 한 차 가득 싣다'는 '하나'이므로 띄어 쓰지만 '같은 차'라는 뜻으로는 '한차로 가다'처럼 붙여 쓴다.

그러나 국어사전도 완벽하지는 않다.

- 노래 한 곡 불러 보자.
- 물 한 모금 마셨다.
- 설렁탕 한 그릇 할까?
- 영화 한 편 볼까?

이 예들은 말 그대로 '하나'를 뜻하지 않는다. 예를 들어 꼭 노래를

'한 곡' 부른다는 뜻으로 말하는 것이 아니다. '설렁탕 한 그릇 어때?' 도 보통 한 그릇만 먹기는 하지만 '술 한잔 할까?'와 비슷한 어감이 느껴진다. '한잔'의 논리대로라면 이들은 붙여 써야 할 것 같은 예들이다. 그러나 사전에 없으니 그러기도 어렵다.

'한잔, 한 잔'을 열심히 공부해도 이런 경우를 만나면 난감하다. 그러니 '노래 한곡, 설렁탕 한그릇'처럼 붙여 썼다고 해서 꼭 문제 삼을 일은 아니라는 생각이 든다. 세는 말 중에서 '1'은 그 특성상 자주 쓰이다 보니 붙여 쓰고 싶은 마음이 들 때가 많다. '일주일'만 해도 '이 주일, 삼 주일' 등과 달리 한 단어로 인정된다.

위 예들도 '두 곡, 두 모금, 두 그릇' 등과 달리 자주 쓰이는 말들이다. 원칙적으로 이들은 띄어 써야 하지만 '한곡, 한모금, 한그릇, 한편'으로 붙여 쓰는 것도 나름대로 이유가 있다. 그렇게 쓰는 사람도 '두곡, 두모금'이라고는 쓸 것 같지 않으므로 '한'의 띄어쓰기는 좀 더 너그럽게 보면 어떨까 싶다. 규범적으로도 고민해 볼 필요가 있을 것이다. 물론 대중도 같은 문장 안에서 '나는 한 곡, 너는 두 곡 불렀다'처럼 '하나'의 뜻이 뚜렷한 경우는 분명하게 띄어 써야 한다.

두 가지 외래어,
'걸크러쉬'와 '옐로이쉬'

요즘 만난 생소한 외래어가 '걸크러쉬'와 '옐로이쉬'이다. 첫 번째, 걸크러쉬. 정확한 표기로는 '걸크러시'라고 해야 하는데, 여성이 같은 여성이 봐도 호감을 느낄 정도의 매력이 있는 경우를 가리키는 말이다. 여성을 뜻하는 'girl'과 '반하다'의 뜻을 지닌 'crush on'이 결합하여 만들어진 말이다.

• 걸크러쉬 매력 폭발.

이 말이 요즘 우리말 속에 들어와 유행처럼 쓰이고 있다. 이 말이 폭발적인 인기(?)를 끄는 데는 어떤 특정한 심리를 나타내는 새로운 개념을 담은 말이기 때문일 것이다. 여성이 여성에게 느끼는 심리적 특징을 달리 표현할 말이 없었는데 이렇게 새로운 단어가 등장하자

"아하, 그렇지" 하고 적극적으로 받아들이게 된 것이다. 온라인에서도 이 말의 뜻이 무어냐는 질문과 대답으로 시끌벅적하다.

두 번째, '옐로우쉬'. 필자로서는 참 생소한 말인데, 쉽게 말해 '노르스름한' 색이다. 외래어 표기법으로는 '옐로시'라고 적어야 한다.

- 상큼 새싹이 생각나는 <u>옐로우쉬</u> 그린이여요.
- <u>옐로이쉬</u> 그린 색감이 배경과 잘 어울리기도 하죠.

'옐로'도 모자라 '옐로시'까지 쓰는 까닭은 무엇일까. 대체로 어떤 색깔에 노란색이 어우러진 경우, 즉 두 가지 색을 복합적으로 가리킬 때 쓴다. '옐로시 그린'이라고 하면 노란빛이 감도는 녹색을 가리킨다. 이런 식의 색채 표현은 '핑키쉬, 골디쉬, 블루쉬 그린, 옐로우쉬 레드' 등 적잖이 보인다.

그런데 굳이 이런 말을 써야 할까? '걸크러시'는 나름대로 새로운 개념을 나타내는 당위성이 있다. 그러나 '옐로시'는 그렇지 못하다. '옐로시 그린'은 우리말로 '황록색'이 있고 '블루시 그린'은 '청록색'이 있다. 좀 더 예쁜 말이 필요하다면 '옐로시 그린'은 '풀색'이다. 교육용 20색상환의 정식 색채 이름이기도 하다.

어떤 블로거는 "상큼한 옐로이쉬 오렌지 컬러와 골드펄이 사랑스러운 맑은 감귤 컬러"라고 하였는데, '옐로이쉬 오렌지'와 '맑은 감귤'이 대조를 이룬다. 우리 스스로 이렇게 색을 표현할 수 있는 능력이 있으니 얼마든지 '맑은 감귤색'처럼 쓸 수 있을 것이다. 앞서 "상큼 새싹이 생각나는 옐로우쉬 그린이여요"도 그 색깔의 옷을 입은 아이의 예쁜 모습을 자랑하는 글이다. 어쩌면 "상큼 새싹이 생각나는 예쁜 풀색이여요"라고 하는 것이 더 좋지 않았을까.

외래어는 피할 수 없는 것이고, 우리말을 풍요롭게 해 주는 면도 있다. 외래어라고 무조건 배격하는 태도도 바람직하지 않다. 하지만 아무 생각 없이 받아들이는 것은 문제이다. 특히 색채어는 그 언어문화의 특징을 잘 보여 주는 대표적 어휘이다. 이 기초 어휘들조차 '레드, 블루, 화이트, 옐로시, 블루시'처럼 외래어로 바뀌어 가는 우리말 문화는 다시 생각해 보아야 하지 않을까.

'쥬시 후레쉬'의
과거와 현재

'쥬시 후레쉬'. 아마 중년층 이상이면 누구나 아는 이름일 것이다. 좀 어울리지 않지만, 이 추억의 껌 이름으로 외래어 표기 몇 가지를 이야기하고자 한다. 1972년에 나온 상품이니까 오늘날 기준을 적용할 수는 없지만, 하여튼 현재 표기법이라면 이는 '주시 프레시'라고 적어야 한다.

'쥬시'처럼 외래어에는 '쟈, 져, 죠, 쥬'와 같은 표기가 없다. '츄잉 껌'처럼 '챠, 쳐, 쵸, 츄'도 쓰지 않는다. 국어의 특성상 '쟈, 져, 죠, 쥬, 챠, 쳐, 쵸, 츄'는 '자, 저, 조, 주, 차, 처, 초, 추'와 같은 소리로 발음되기 때문이다. 의도적으로 [쟈, 져, 죠, 쥬, 챠, 쳐, 쵸, 츄]로 발음할 수도 있지만 자연스러운 국어의 발음은 아니다. 그런데 70년대 당시에는 '쥬시'가 올바른 표기였다. '쟈, 져, 죠, 쥬' 등과 같이 적는 것이 규칙이었던 것이다. 1986년의 '외래어 표기법'부터는 이를 '자, 저, 조,

주'로 적기로 했다. 어쨌든 '쥬스, 비젼, 쟈스민, 챤스, 쵸코, 츄리닝' 등은 '주스, 비전, 자스민, 찬스, 초코, 추리닝'으로 적어야 한다. 종종 '화면 캡쳐'라고 쓰기도 하는데, 당연히 이 말도 '캡처'라고 적어야 한다.

'후레쉬'의 'ㅎ'은 외래어의 [f] 소리를 적은 것이다. 국어에 없는 이 소리를 원어에 가깝게 적으려는 시도는 무던히 있었다. 한때는 '으랑스'(프랑스)와 같이 'ㅇㅍ' 글자를 쓰기도 했는데, 대중이 선호한 방식은 'ㅎ'으로 적고 말하는 것이었다. 이는 일본어의 영향이 컸을 것이다. 지금도 '화이팅, 계란 후라이'와 같은 말이 널리 쓰이기도 한다. 그러나 현재 표기법에서는 'ㅍ'으로 표기하도록 정해져 있으므로 '프레시'라고 적어야 한다. '화이팅, 후라이'도 '파이팅, 프라이'가 올바른 표기이다.

'후레쉬'의 '쉬'는 '시'라고 적는다. 이 'fresh'처럼 흔히 '-sh'로 끝나는 영어 단어들을 연상하면 되는데, 단어 끝의 [ʃ] 소리는 '쉬'가 아니라 '시'로 적는다. 그래서 '후레쉬'도 '프레시'로 적어야 하고, '잉글리쉬, 대쉬, 캐쉬' 등도 '잉글리시, 대시, 캐시'로 적어야 한다.

다만 대중은 '쉬'를 선호하는 듯하다. 꽤 새말이라고 할 '컬리시(주름이 있는 느낌의), 핑키시(핑크색의), 페미니시(여성스러운)'와 같은 단어를 인터넷에서 검색해 보면 '컬리쉬, 핑키쉬, 페미니쉬'처럼 '쉬'로 적은 것이 압도적으로 많다. '걸리시, 보이시, 스타일리시'처럼 제법 알려진 단어들은 '시'로도 많이 적지만 '걸리쉬, 보이쉬, 스타일리쉬' 표기도 여전히 많다. 그러나 표기법은 약속이니까 지키는 것이 좋다.

어쩌면 '쥬시 후레쉬'의 이 세 가지 문제는 원어의 발음에 대한 강한 의식이 반영된 것일 수도 있다. 외래어 표기는 원음을 지나치게 멀리 하지도 않지만, 맹목적으로 따르지도 않는다. '껌'은 대중들의 관용적 쓰임을 중시한 표기이기도 하다. 외래어 표기는 보기에 따라 이런저런 견해들이 많을 수밖에 없는 문제지만 무엇보다도 약속을 지켜 쓰는 게 중요하다.

'후지 산'에서
'후지산'으로

'후지산'인가, '후지 산'인가? 필자가 지금 글을 쓰고 있는 문서 작성기는 '후지산' 밑에 빨간 줄을 긋고 있다. 그런데 컴퓨터가 틀렸다. '후지산'이 올바른 표기이다.

얼마 전만 해도 문서 작성기가 맞았다. 그런데 최근(2017. 3. 28.) 외래어 표기법의 일부 내용을 개정하면서 '후지 산'으로 띄어 쓰던 것을 '후지산'으로 붙여 쓰기로 했다.

외래어는 참 특별한 존재로 취급받아 왔다. 국어사전에서도 우리말이 아니라 '우리말처럼' 쓰이는 말이라고 풀이할 정도로 우리말의 손님 같은 존재였다. 한때 외래어는 인쇄물에서 고딕체로 쓰거나, 밑줄을 그어 구별하기도 했었다. 장음을 표시하기 위하여 '모-던'과 같이 줄표를 사용하기도 했다.

얼마 전까지만 해도 '해', '섬', '강', '산'이 외래어에 붙을 경우에는 띄어 쓰도록 했는데, 이를테면 '카스피 해, 발리 섬, 양쯔 강, 후지 산' 처럼 쓰도록 했던 것이다. 이는 우리말과 다른 대접이다. 우리말 뒤에서는 '북해, 남이섬, 낙동강, 한라산'처럼 붙여 쓰기 때문이다. 이렇게 되면 같은 강 이름인데도 '양쯔 강'은 띄어 쓰고, '양자강'은 붙여써야 한다.

이것은 너무 복잡하다는 생각이 든다. 우리는 이런 지명들을 '등대섬, 낙동강, 한라산'처럼 붙여 쓰는 데 익숙하다. 그런데 갑자기 '괌섬, 양쯔 강, 후지 산'처럼 외래어 뒤에서는 띄어 쓴다고 한다면 혼란스러울 수밖에 없다.

사실 '양쯔 강'처럼 띄어 쓰는 것은 한글 맞춤법에도 맞지 않다. '양자강'이나 '양쯔강'이나 모두 단어이므로 띄어쓰기도 같아야 한다. 또 '카스피 해'의 '-해'는 접미사일 뿐 단어도 아니므로 띄어 쓸수 없는 말이다. 결과적으로 '카스피해, 발리섬, 양쯔강, 후지산'처럼 붙여 쓰도록 하여 대중의 불편을 덜어 준 것은 반갑게 느껴진다.

문장 부호
몇 가지

글을 쓰면서 문장 부호를 어떻게 써야 할지 궁금했던 적이 한두 번 쯤은 있었을 것이다. 다음은 그러한 궁금증 몇 가지를 상상하여 만든 문제들이다. 문장 부호를 바르게 쓴 것을 골라 보자. 두 가지 모두 답 인 것도 있다.

1. ㉠ 어떻게……?   ㉡ 어떻게…?

2. ㉠ 사과, 배, 수박, ……   ㉡ 사과, 배, 수박……

3. ㉠ 나라꽃, 즉 무궁화는……   ㉡ 나라꽃 즉 무궁화는……

4. ㉠ 그러나 그는 떠나지 않았다. ㉡ 그러나, 그는 떠나지 않았다.

5. ㉠ 곤충의 종류: 나비, 벌, 잠자리 ㉡ 곤충의 종류 : 나비, 벌, 잠자리

6. ㉠ 2016. 9. 23   ㉡ 2016. 9. 23.

정답은 1.㉠, ㉡, 2.㉡, 3.㉠, 4.㉠, ㉡ 5.㉠, 6.㉡이다.

1번의 경우, 줄임표 '……'는 6개를 찍는 것이 원칙이지만, 3개만 찍는 것도 허용된다. 대중이 간단히 3개만 찍고 마는 것을 반영한 것이다. 더욱이 컴퓨터로 가운뎃점을 찾아 써야 하는 불편까지 고려하여 '어떻게……?', '어떻게...?'처럼 하단에 점을 찍는 것도 허용하였다.

2번의 경우, 여러 가지를 나열하다가 뒤의 것을 생략할 때는 쉼표를 찍지 않고 바로 줄임표를 쓴다. 필자도 '수박, ……'처럼 쉼표를 찍고 줄임표를 쓰기도 했지만 이는 올바른 표기가 아니다.

3번의 경우, 한 문장 안에서 '곧', '즉', '다시 말해' 등의 어구로 다시 설명할 때는 그 앞에 쉼표를 찍는다. 쉼표는 말 그대로 쉼을 나타내는 표이다. 이렇게 새로 설명을 덧붙일 때는 독자가 잠깐 숨을 고를 수 있도록 쉼표를 찍어 줄 필요가 있다.

4번의 경우, 표현 효과에 따라 접속어 뒤에 쉼표를 쓸 수도 있고 안 쓸 수도 있다. 1988년 한글 맞춤법 이래 오랫동안 '그러나, 그러므로, 그리고' 등의 접속어 뒤에는 쉼표를 쓰지 않는 것을 원칙으로 하였다. 그러나 이 규정은 2014년의 새 규정에서 사라졌다. 따라서 표현 효과를 위해서 접속어 뒤에 잠깐 쉼을 둔다면 쉼표를 쓸 수 있다.

5번의 경우, 쌍점(:)은 앞말에 붙여 쓰는 것이 원칙이다. 공문서나 발표문 등을 작성할 때 이 문제로 고민한 적도 없지 않을 텐데, 이 예와 같이 앞말에는 붙여 쓰고 뒷말과는 띄어 쓰는 것이 원칙이다.

6번의 경우, 아라비아 숫자만으로 연월일을 표시할 때 날짜 다음에도 마침표(.)를 꼭 찍어야 한다. 이 경우 마침표는 '년, 월, 일'이라는 말을 대신하는 것이므로, 만일 날짜 다음에 마침표를 찍지 않으면 '2016년 9월 23'으로 말한 것과 다름없다.

문장 부호 쓰는 법의 개정 내용은 대중의 편의를 고려한 점이 특징이다. 이는 부호의 이름에서도 알 수 있다. 예를 들어 '.'의 이름은 '온점'에서 '마침표'로 바꾸었다. '마침표'는 원래 느낌표(!), 물음표(?)까지 포함하는 이름이었지만 흔히 '.'만을 가리켜 마침표라고 하는 데 따른 것이다. ','의 이름도 '반점'에서 '쉼표'로 바꾸었다. '쉼표'도 원래 가운뎃점(·), 쌍점(:), 빗금(/) 등을 포함하는 이름이었지만 흔히 ','만을 가리켜 쉼표라고 하는 데 따른 것이다. 얼핏 사소해 보일 수도 있는 문장 부호지만, 작은 부호 하나까지 세심한 주의를 기울인다면 더 좋은 글이 될 것이다.

4장

표준어를 쓰면 좋은 점이 많다

표준어 이야기

표준어가
무엇인가요

큰애가 초등학교 1학년 때 서울에서 경남 지역으로 전학을 왔다. 낯선 경상도 말이 때로는 이해하기 어렵기도 했나 보다. 어느 날, 선생님이 "아나" 하면서 뭔가를 주시는데, 그 말이 무슨 뜻인지 모르겠다는 것이다.

'아나'는 여기 있다는 뜻, 그러니까 '옜다'의 경상도 방언이다. 누구나 한두 번쯤은 경험하는 일이지만 지역마다 다른 말은 때로 의사소통을 가로막는다. 따라서 순조로운 의사소통을 위해 약속으로 정한 말이 표준어이다. 20세기 초반에 그 개념이 처음 도입되고 1936년에 구체적인 표준어를 정했다. 그렇게 생겨난 표준어로 교과서도 만들고, 신문도 찍어 내면서 다 같이 쓰는 공통의 말이 되었다.

그러면 '아나'는 어떻게 될까? 이 말은 그 지역 사람들이 어려서부터 쓰고 그것으로써 생활해 온 말이다. 처음 표준어를 만들 때는 이런 말은 모두 버려야 한다고 생각하기도 했다. 하지만 지금은 일상생활에서 잘 써서 보존해야 한다는 것으로 생각이 바뀌었다. 그러니까 표준어는 공식적으로 필요할 때만 쓰면 되는 말이다. 즉 교실에서는 '옜다'라고 하고, 교실 밖에서는 '아나'라고 하는 이중적인 언어생활을 지향하는 것이다.

물론 여기에는 표준어를 따로 익히는 수고가 필요하다. 그래도 아주 힘든 정도는 아닐 것이다. 중국의 경우 대학생들도 꾸준히 표준어 학습을 하고 말하기 시험도 본다. 당연히 산둥성이나 허난성처럼 북경에서 멀리 떨어진 지역의 학생들은 표준어 익히기가 쉽지 않고 좋은 성적을 거두기도 쉽지 않다.

중국의 이러한 언어 현실에 비하면 국어의 지역별 차이는 '아나' 정도로 작을지 모른다. 그만큼 표준어를 익히는 데 힘이 덜 드는 이점이 있다. 이웃나라의 한 대학 교실에서 한국어도 배우면서 중국 표준어도 열심히 공부하는 그 해맑은 표정의 학생이 우리를 격려해 주지 않을까 싶다.

표준어를 써야
교양 있는 사람인가

언젠가 학생들이 표준어를 주제로 발표 수업을 하였다. 학생들은 '교양 있는 사람들이 두루 쓰는 현대 서울말'이라는 표준어 사정 원칙을 소개하면서, '표준어를 쓰지 않으면 교양이 없는 사람인가'라고 의문을 제기하였다. 학생들이 조사한 바로는 그 정의는 '표준어를 못 쓰면 교양 없는 사람'이라는 주장을 숨기고 있다는 것이다.

아닌 게 아니라 표준어 규정의 해설에서도 "표준어를 못하면 교양 없는 사람이 된다"고 분명하게 말한다. 표준어의 중요성을 강조하기 위한 것이겠지만, 이러한 설명은 창원 지역 학생들에게는 꽤 불만스러운 것이다. 학생들은 표준어를 잘 알기는 하지만 자신이 표준어 화자라고 생각지는 않는다. 더욱이 부모, 친척 등 주위 사람들은 강한 경상도 사투리 억양으로 말한다. 그러니 표준어를 못하면 교양 없는 사람이라는 말에 거부감을 느끼는 것이다.

‘교양 있는 사람들’은 표준어 사정의 기준일 뿐이다. 서울말을 표준어로 삼기로 했지만, 서울말이라고 해도 나이·성별·학력 수준·거주 기간 등에 따라 차이가 있으므로 어떤 서울말로 할 것인지 기준이 필요하다. 그래서 ‘교양 있는 사람들’이라는 기준에 따라 ‘교양 있는’ 서울 사람이 쓰는 말이 표준어가 된 것이고, ‘교양 있는’ 지방 사람이 쓰는 말은 서울말이 아니라서 표준어가 되지 못했을 뿐이다.

표준어의 본질은 온 국민이 공통적인 의사소통 수단으로 쓰기로 정한 공용어라는 데 있다. 즉 그 본질은 ‘공통적인 말’이지 ‘교양 있는 말’이 아니다. 단지 그 공통적인 말을 정하기 위하여 교양 있는 사람들이 쓰는 서울말을 골랐을 뿐이다. 따라서 표준어만 교양 있는 말도 아니며, 표준어 화자만 교양 있는 사람도 아니다. 표준어를 쓰지 못하면 교양 없는 사람이라는 것은 지나친 비약인 것이다.

다만 교양과는 무관하게 표준어는 ‘공통적’인 말이므로 익혀 쓰고자 노력할 필요는 있다. 표준어를 못 쓴다고 하여 교양 없는 사람은 아니지만, 다 함께 약속으로 정한 말인 만큼 익혀 쓰는 것은 바람직한 태도이다. 그 또한 교양 있는 사람이라고 할 수 있다.

표준어의 새 식구
'이쁘다'

사극의 여염집 여자아이 이름은 '예쁜이'보다는 '이쁜이'가 어울린다는 생각을 늘 해 왔다. 그리고 오늘날 '예쁘다' 못지않게 '이쁘다'는 많이 쓰이는 말이다. 그럼에도 '이쁘다'는 표준어 대우를 받지 못했는데 2015년 표준어 사정에 의하여 드디어 어엿한 표준어가 되었다.

2011년에 '짜장면' 등 현실적으로 널리 쓰이는 말을 새로 표준어로 올린 일을 시작으로, 정부는 지금까지 몇 차례에 걸쳐 새 표준어를 계속 정하여 발표하고 있다. 지금까지 2011년 39개 항목, 2014년 13개 항목, 2015년 11개 항목, 2016년 6개 항목을 새로운 표준어로 올렸다. 아마 이러한 작업은 지속적으로 이루어질 것으로 보인다.

이미 언론을 통해서 공개되었지만 몇 가지만 소개하면, 우선 '푸르르다'가 '푸르다'를 강조하는 말로 표준어가 되었다. '잎새'도 표준어가 되었고, '나래'도 '날개'의 문학적 표현으로 표준어가 되었다. 또

'내음'도 '냄새'와 구별되는 의미가 있어 표준어가 되었다. '꽃 내음' 처럼 좋은 냄새에 대해서만 쓰이는 것이다.

한때 논란거리였던 '먹거리'도 표준어가 되었다. 이전에는 '먹을거 리'만 표준어였으나 '사람이 살아가기 위하여 먹는 음식을 통틀어 이름'으로서 표준어가 된 것이다. '먹거리'는 그동안 어간('먹-')과 명사 ('거리')가 직접 결합하는 조어법 때문에 표준어로 인정받지 못했지 만, 한 국어학자의 연구처럼 오늘날에도 '푸르넷, 삶통, 짜주머니, 덮 라면'처럼 같은 방식의 말들이 있어 크게 문제될 것이 없다. 이미 20 년대에 '먹거리'가 쓰인 예도 있다.

'개발새발'이 표준어가 된 것도 눈에 띈다. 잘 안 쓰이는 '괴발개 발'(고양이의 발과 개의 발) 대신 이 말(개의 발과 새의 발)이 널리 쓰여 왔 는데 비로소 표준어로 인정되었다. '주책이다'도 '주책없다'와 더불 어 널리 쓰이는 점을 인정하여 표준어가 되었다. '주책없다'와 '주책 이다'는 상반된 모습이지만 같은 뜻의 표준어가 된 것이다. '~고프 다' 역시 표준어가 되었다. 굳이 규범의 관점에서 본다면 '가고파'는 표준어가 아니었던 셈인데 이제는 표준어 자격을 갖추게 되었다. '~ 길래' 역시 표준어가 되었다. 이전에는 '~기에'만 표준어였으나 '~길 래'도 구어적 표현으로 많이 쓰여 표준어가 된 것이다.

이 외에도 '메꾸다(메우다), 떨구다(떨어뜨리다), 삐지다(삐치다), 개기 다(개개다), 찰지다(차지다), 허접하다(허접스럽다)' 등 현실적으로 널리 쓰이는 말들이 모두 표준어가 되었다. 예전에는 괄호 안의 말만 표준어였다. 그동안 표준어가 아니어서 불편하던 말들이 속속 표준어의 새 식구가 되었다.

말할 것도 없이 이는 바람직한 일이다. 표준어는 언어생활에 편리함을 주기 위한 것이기 때문이다. 다만 이러한 정책을 보면서 '어차피 표준어가 될 텐데'라는 생각으로 표준어가 아닌 말을 너무 쉽게 쓰는 마음가짐은 없었으면 싶다. 그것이 이 새 표준어 정책을 지켜주는 길이다.

우리말샘을
아시나요

2016년 10월에 국어사전의 역사에 획을 그을 만한 일이 있었다. 개방형 국어사전인 '우리말샘'이 개통된 것이다. 이 사전은 표준국어대사전의 50만 단어에 새로 일상어, 지역어, 전문어 등 50만 단어를 더해 약 100만 어휘를 수록한 방대한 웹 사전이다.

무엇보다 이 사전은 국민 참여형 사전으로서 일반 사용자가 직접 사전의 정보를 추가하고 수정할 수 있는 점이 큰 특징이다. 이른바 한국판 위키피디아 사전인 셈이다. 이런 방식을 통하여 실생활에서 생생하게 살아 움직이는 어휘를 폭넓게 수록할 수 있게 되었다. 그래서 이 사전에는 '꽃할배, 아재개그, 치맥, 심쿵, 금수저, 웃프다, 힐링하다' 등 그야말로 '따끈따끈한' 단어들이 올라 있다. 독자들도 사전 집필자가 되어 얼마든지 새로운 단어를 올릴 수 있다.

한 가지 개인적인 바람은 이 사전으로부터 표준어에 새로운 바람이 붙었으면 하는 것이다. 표준어는 보수적인 면이 강하여 어떤 말이 표준어가 되기까지 적잖은 시간이 걸리기도 한다. 근래 새로 표준어가 된 예만 보더라도 '뜨락, 내음, 속앓이, 손주' 등이 표준어 자격을 얻기까지 꽤나 시간이 걸렸다. 또 반대로 이미 가치를 잃은 말들이 계속 표준어 지위를 누리기도 한다. '게으르다, 게르다, 개으르다, 개르다'를 보면, '게으르다'만 주로 쓰이는데도 나머지 세 단어까지 모두 표준어이다.

이런 말들에 비하면, 오히려 새로 생겨나 쓰이는 말들 가운데 표준어 자격을 얻을 만한 것들이 적지 않을 것이다. 이런 말들이 개방형 사전에 오르면 좀 더 어엿한 국어로 대접받고, 좀 더 활발히 표준어로 사용될 것이다. '우리말샘'으로부터 고여 있는 표준어에 새 물결이 일기를 기대해 본다.

애완동물의 출입을
'삼가' 바란다고?

'삼가하다'는 참 많이 쓴다. 필자도 평소에 '삼가하다'를 자주 목격하면서 '삼가다' 대신 '삼가하다'를 표준어로 삼아야 하지 않을까 하는 생각을 종종 했다. 어떤 이는 '그런 말은 삼가 주세요'라는 구절을 보고 오타인 줄 알았다면서 '삼가해 주세요'가 맞는 말 아니냐고 묻기도 한다. 이렇게 '삼가하다'가 널리 쓰이기도 하지만, 그래도 표준어는 '삼가다'니까 잘 지켜 썼으면 좋겠다. '삼가기 바랍니다', '삼가해 주세요'는 아래와 같이 쓴다.

- <u>삼가기</u> 바랍니다.
- <u>삼가</u> 주세요.

필자가 사는 동네에는 시에서 관리하는 전통가옥이 있다. 시민들이나 관광객들이 많이 찾아오는 곳이다. 꽤 오래전 가옥 입구에 여러 가지 주의 사항을 안내해 놓았는데, 그중 하나가 "애완동물의 출입을 삼가 바랍니다"였다. 애완동물의 출입을 환영한다니? 그럴 리가 없으니 이는 '삼가기 바랍니다'를 잘못 쓴 것이 틀림없다.

그런데 곰곰이 생각해 보니 오히려 이 '실수'는 글쓰기에 큰 관심을 기울인 결과가 아닐까 싶었다. 글쓴이는 다음과 같이 생각했을지도 모르겠다. '삼가하다'는 틀린 말이고 '삼가다'가 맞는 말이라고 한다. 그러니 '삼가하기 바랍니다'라고 하면 안 되고 '삼가 바랍니다'라고 해야겠구나 하고 말이다.

대략 이런 생각에서 '삼가'라고 쓰지 않았을까. 물론 인쇄소에서 '기' 자를 빠뜨렸을지도 모르겠지만 말이다. 어디까지나 필자의 상상이지만 이런 작은 안내문에서도 말을 바르게 쓰려는 마음을 느껴 본다. '삼가 주세요'를 보고 오타가 아니냐고 묻는 인터넷의 질문에도 국어를 바르게 쓰고자 하는 마음이 담겨 있다. 이런 마음들이 모여 더 좋은 국어를 만들지 않을까.

'비껴가다'와
'비켜 가다'

얼마 전 한 텔레비전 프로그램에서 출연자들이 문제 알아맞히기 게임을 하고 있었다. 그런데 한 상황에서 자막에 '정답을 빗겨간'이라고 나왔다.

이 '빗겨가다'는 현대국어에 없는 말이다. 옛말에서는 '빗기다'라고 하였고 현대국어에서는 '비끼다'이다. 창을 비스듬히 들면 '비껴들다', 모자를 비스듬히 쓰면 '비껴쓰다', 비스듬히 스쳐 지나가면 '비껴가다'이다.

그런데 이 '비껴가다'와 흔히 혼동하는 말로서 '비켜 가다'가 있다. 어떤 대상을 피해서 간다는 뜻으로 '진흙탕을 비켜 가다, 세월을 비켜 가다'처럼 흔히 쓰이는데, 아직 한 단어로는 인정되지 않고 있다.

그러면 위 프로그램의 자막에는 '비껴가다'와 '비켜 가다' 중 어느 것을 써야 할까? 출연자가 정답을 맞히지 못하고 피해 간다는 의미이니 '비켜 가다'가 적합한 말이다. 즉 자막을 정확하게 넣는다면 '정답을 비켜 간'이라고 해야 한다.

'비껴가다'는 두 가지 뜻으로 쓴다. 첫째는 '비스듬히 스쳐 지나다', 둘째는 '어떤 감정, 표정, 모습 따위가 얼굴에 잠깐 스쳐 지나가다'는 뜻이다. 앞의 의미로는 '공이 골대를 비껴가다', 뒤의 경우로는 '서운한 빛이 얼굴을 비껴가다'와 같이 쓴다.

이와 같이 '비켜 가다'와 '비껴가다'는 구별되는 말이다. 위 자막의 '빗겨간'처럼 엉뚱하게 쓰는 경우도 있지만, 그 외에도 '운명을 비껴간, 세월을 비껴간'처럼 '비켜 가다'로 쓸 것을 '비껴가다'로 쓰는 잘못을 종종 볼 수 있다. 둘을 혼동하지 않도록 유의할 필요가 있다.

'맞히다'와
'맞추다'

'맞히다'를 '맞추다'로 잘못 쓰는 경우가 많다. 다음은 언론 기사의 사례이다.

- 아무도 정답을 맞추지 못했다. (×)
- 골대를 맞춘 공은 골문 안으로 들어갔다. (×)

이 예들은 각각 '맞히지', '맞힌'으로 써야 한다. '맞히다'는 '적중하다'는 뜻의 말이다. 그래서 정답을 골라내는 경우에는 '맞히다'라고 한다. 이것을 잘못 쓰는 사례가 많다 보니 국어사전에서도 그 정확한 쓰임을 설명하고 있다.

'퀴즈의 답을 맞히다'가 옳은 표현이고 '퀴즈의 답을 맞추다'는 틀린 표현이다. '맞히다'에는 '적중하다'의 의미가 있어서 정답을 골라

낸다는 의미가 있지만, '맞추다'는 '대상끼리 서로 비교한다'는 의미가 있어서 '답안지를 정답과 맞추다'와 같은 경우에만 쓴다.(표준국어대사전 '맞히다' 항목) 따라서 "이 문제는 정답을 맞혔다"라고 하고 "서로 답을 맞추어 보자"라고 구별하여 말한다. 당연히 '알아맞춰 보세요'가 아니라 '알아맞혀 보세요'라고 해야 한다.

또 공 따위를 골대 등 다른 물체에 닿게 하는 경우에도 '맞히다'라고 한다. 물론 '정답을 맞히다'의 '맞히다'와는 다른 말이다. '정답을 맞히다'의 '맞히다'는 틀림없다는 뜻의 '맞다'에서 온 말이고, '골대를 맞히다'의 '맞히다'는 어떤 물체에 닿다는 뜻의 '맞다'('주먹에 맞다')에서 온 말이다. 어느 경우에나 '맞히다'를 '맞추다'로 잘못 쓰는 일이 많다. 모두 '맞히다'가 바른 말이라는 것을 기억할 필요가 있다. 다만 이 말들을 '맞추다'라고 쓰는 예가 너무 많으므로 앞으로 표준어 사정에서 생각해 볼 문제이기는 하다.

먼지는 떨고,
신발은 털고

F SID VEE DOD PU

밖에 있다가 집에 들어오면 신발에 흙이 묻어 있을 때가 많다. 그럴 때 신발의 흙을 '떨고' 들어가야 할까, '털고' 들어가야 할까.

결론부터 말한다면 '떨다'가 맞다. 그런데 우리말은 참 미묘해서, 흙을 떼어 내려면 신발을 치거나 흔들어야 하는데, 이 경우에는 '신발을 털다'라고 해야 한다. 그러니까 신발을 '털어서' 흙을 '떠는' 것이다.

이와 같이 '떨다'와 '털다'는 무엇이 대상인지에 따라서 구별해서 써야 한다. 표준국어대사전에 따르면 '떨다'는 붙어 있는 것을 쳐서 떼어 내는 것이고, '털다'는 붙어 있는 것이 떨어지게 흔들거나 치는 행위이다. 즉 옷에 묻은 먼지·눈·재 따위를 '떨다'라고 하고, 먼지·눈·재 따위가 묻은 옷을 '털다'라고 말한다.

그래서 '먼지떨이'와 '신발털이'는 구별된다. '먼지떨이'는 벽이나 창틀의 먼지를 '떨어'내는 물건이고, 신발털이는 신발을 '털어' 주는 물건이다. 흔히 '재떨이'인지, '재털이'인지 혼란스러워 하지만, 이제 '재떨이'라는 것을 쉽게 알 수 있을 것이다.

다만 이 '떨다', '털다'가 그리 엄격하게 구분되어 쓰이는 것 같지는 않다. 흔히 "머리의 눈 좀 털어라", "바지의 먼지 좀 털어라"처럼 '떨다' 대신 '털다'라고 말하는 것을 볼 수 있다. 그래서 학자에 따라서는 두 단어의 쓰임을 달리 설명하기도 한다. 그 중 눈에 띄는 견해로는 '털다'는 흩어져 날리는 대상에 쓴다는 것이다. 이에 따르면 옷에 붙은 먼지, 눈, 재 따위는 '터는' 것이 된다. 이러한 설명은 위 국어사전의 뜻풀이와는 꽤 다르다.

물론 '떨다'와 '털다'는 사전적 의미에 따라 정확히 구별해서 써야 한다. 그러나 실생활에서 그러한 구별이 잘 이루어지지 못한다면 화자들의 실제 쓰임에 따라 국어사전의 뜻풀이를 재검토해 볼 필요도 있을 것이다.

모둠회 드실까요,
모듬회 드실까요?

'모둠회'와 '모듬회'. 어느 것이 올바른 표현일까? 이는 필자가 알기로는 아주 오래된 질문이다. 그런데 아직도 대중이 궁금해 하는 이 질문에 정확히 답할 수 없다.

이 말에 대한 표준어 사정을 하지 않았고 국어사전에도 없으니 어느 말이 표준어인지 답할 수 없는 것이다. 그래서 국립국어원의 온라인 가나다 답변에서도 결론을 제시하지 못하고 "다만, 음식과 관련하여서 현재 '모둠밥', '모둠냄비'와 같이 '모둠'의 형태가 쓰이고 있다는 점을 참고하시기 바랍니다" 정도로만 언급하고 있다.

90년대 초에는 '모음회'가 제안되기도 했었다. 옛말 '몯다'에서 온 '모두다, 모드다'가 표준어가 아니고 '모둠, 모듬'도 표준어가 아니라는 이유에서이다. 지금도 그런 논리를 바탕으로 '모둠회, 모듬회' 모두 잘못된 말이라고 주장하기도 한다. 그러나 '애기, 마실'은 비표준어지만 '애기똥, 마실가다'는 표준어이다. 즉 비표준어가 포함된 단어도 얼마든지 표준어가 될 수 있다. 따라서 '모둠, 모듬'이 표준어가 아니라고 해서 '모둠회, 모듬회'까지 표준어가 될 수 없는 것은 아니다. 오히려 '모음회'가 거의 쓰이지 않는 말이라서 '모둠회, 모듬회'의 대안이 되기 어렵다.

개방형 사전인 우리말샘에는 '모둠 회'로 제시되어 있다. 이것도 만족스럽지 못하다. 이 말이 단어가 아니라고 하기 어렵고, 이처럼 띄어 쓰면 '모둠'이 표준어가 아니라는 게 정말 문제가 되기 때문이다. '모둠'은 초중등학교의 학습 단위로서 작은 모임을 가리킬 때만 표준어이다.

결국 '모둠회, 모듬회' 중 하나를 골라야 한다. 아마 위 온라인 가나다 답변처럼 '모둠회'도 좋은 선택이 될 수 있을 것이다. 국어사전에는 '모둠' 형과 '모음' 형의 단어들이 있는데 '모둠냄비, 모둠밥'처럼 음식명은 일관성 있게 '모둠'으로 하면 좋지 않을까 해서이다.

어쨌든 '모둠회, 모듬회' 중 한 가지로 알맞은 기준에 따라 결정해야 한다. '모둠전, 모듬전', '모둠안주, 모듬안주', '모둠김밥, 모듬김밥' 등 관련되는 단어들까지 있어서 더 시급하게 느껴진다.

어두운 방 안엔
바알간 숯불이 피고

다음 시의 '바알간'은 국어사전에 없는 말이다.

> 어두운 방 안엔
> 바알간 숯불이 피고
>
> 외로이 늙으신 할머니가
> 애처로이 잦아드는 어린 목숨을 지키고 계시었다.
> _김종길 '성탄제' 일부

'바알갛다'는 국어사전에 없는 말, 그러니까 표준어가 아니다. 누군가 이렇게 썼다면 바로 교정 대상이다. 그럼 언어의 결정체라고 하는 시에서 표준어도 아닌 말을 썼다고? 이렇게 말하면 곤란하니까 우리는 흔히 '시적 파격'이라고 부른다. 시인에게는 언어의 일탈적 자유가 허용된다는 뜻이다.

그런데 시를 벗어나면 '바알간, 노오란, 빠알간, 파아란' 등은 모두 버려야 할 천덕꾸러기가 되는 걸까? 적어도 표준어를 써야 하는 상황이라면 그럴 수밖에 없다. 그런데 우리말은 이처럼 모음 하나를 더 함으로써 새로운 느낌을 표현할 수 있는 언어이다. 위 시에서도 아픈 손주를 걱정하는 할머니의 지극한 마음은 '발간'만으로는 부족하고 '바알간'이라고 해야 그 간절함이 전달되는 느낌이다.

주요섭의 '사랑손님과 어머니'에는 "아저씨가 하아얀 봉투를 서랍에서 꺼내어 내게 주었습니다"처럼, 아저씨가 어머니 갖다드리라고 옥희에게 봉투를 건네는 장면이 나온다. 거기에는 몇 번의 망설임 끝에 썼을 '연서'가 든 것이니 그 두근거리는 마음을 나타내는 데는 '하얀'보다는 '하아얀'이 더 잘 어울린다.

'꾹꾹' 눌러 담는 것과 '꾸욱꾹' 눌러 담는 것은 동작도 다르고 마음도 다르다. 그러니 이런 말들이 오직 시에서만 효용 가치가 있다고 하기는 어렵다. 실제 많은 이들이 "노오란 산수유가 봄소식을 전합니다", "파아랗게 눈부신 하늘", "아이가 쑤욱 컸어요" 등처럼 일상적인 글에서 즐겨 쓰기도 한다.

한글은 이러한 감정을 표현하기에 더없이 좋은 글자이다. '쭈욱, 머얼리, 화알짝, 사알짝, 꾸욱, 부욱……' 등 아무 어려움 없이 그 느낌을 그대로 적어 낸다. 인터넷에서 광고 사진을 검색하다가 한 사진을 보았다. 지하철 계단 옆 벽에 '워얼화아수우모옥금퇼'이라고 크게 써 붙인 사진이다. 평일은 길고 휴일은 금방 지나가는 듯이 느끼는 직장인의 애환이 참으로 재미있게 표현되어 있지 않은가.

우리말은 '큰말, 작은말', '센말, 여린말'처럼 소리의 작은 변화로써 미묘한 느낌의 차이를 잘 표현하는 언어이다. 이 말소리의 특징을 그대로 옮겨 표현하는 데 한글은 무척 뛰어난 능력을 발휘한다. 그래서 '바알간, 노오란'과 같은 말을 버리는 것은 한글의 장점마저 버리는 느낌이 들어 아깝다. 이런 말들이 시인만이 아니라 모든 이들의 자유가 되면 안 될까.

임을 위한
행진곡

지난해 5·18 광주 민주화 운동 기념식에 앞서 '임을 위한 행진곡'의 제창 여부를 둘러싸고 한바탕 큰 논란이 있었다. 이 노래는 광주 민주화 운동 이듬해인 1981년 사회 운동가 백기완이 감옥에서 쓴 장편시 '묏비나리' 일부를 바탕으로 소설가 황석영이 가사를, 전남대 학생 김종률이 곡을 붙여 만든 것이다.

이 노래가 발표될 당시 원래 제목은 '님을 위한 행진곡'이었다. 오늘날 공식적으로 쓰는 제목인 '임을 위한 행진곡'과 다른 것이다. '님'는 의존명사이다. 따라서 원래 제목처럼 앞에 아무런 말도 없이 쓰기는 곤란하다.

이와 달리 '님'이 변한 말 '임'은 '사모하는 사람'이라는 뜻을 지닌 자립적인 명사이다. 그래서 속담에도 '뽕도 따고 임도 보고'라고 한다. 결과적으로 새 제목 '임을 위한 행진곡'은 국어 사용 면에서 표준적인 표현으로 수정된 것이다.

　이 노래는 한동안 금지곡으로서 입에서 입으로 전하다 보니 제목뿐만 아니라 노랫말에도 약간씩 변형이 생기기도 하였다. 예를 들어 원곡에서는 '깨어나 소리치는 끝없는 함성'이었던 것이 '깨어나서 외치는 뜨거운 함성'으로 바뀌었고, '새 날이 올 때까지 흔들리지 말라'는 명령형의 표현은 '말자'라는 다짐의 표현으로 바뀌었다.

　이러한 변화는 노래를 부르는 민중이 스스로의 감성과 의지에 맞게 다듬은 결과라 할 수 있다. 그러니 이 노래는 민중이 완성한 일종의 구전 가요인 셈인데, 많은 이들이 표현의 미묘한 차이를 느껴가며 다듬은 이 노랫말에서 우리말의 또 다른 모습을 보게 된다.

누리통신망(SNS) 시대의
국어

요즘 사람들은 엄청나게 많은 글을 쓴다. 거의 대부분의 사람들이 하루도 빼놓지 않고 글을 쓴다. 핸드폰 문자, 메신저 이야기다.

또 이런 개인적 글쓰기에 못지않게 누리통신망을 통한 사회적 글쓰기도 엄청나다. 이른바 '블로거'들이 날마다 글을 쏟아내고, 그 글을 수천 수만 명의 사람들이 공유한다. 어느 시대에도 없었던 활발한 글쓰기의 장이다.

덕분에 독자들이 만나는 글도 꽤 성격이 달라졌다. 책, 신문, 잡지 등 종이 인쇄물은 어떤 식으로든 전문적인 교정과 교열이 이루어진 글이었다. 그러나 누리통신망에서는 그렇지 않다. 개인의 글쓰기가 여과 없이 그대로 제공된다. 표준어가 아닌 말, 맞춤법이 틀린 표기의 잔치이다.

단순한 오류의 문제를 떠나 이런 글들은 그대로 대중의 언어를 보여 준다. 국어 교과서에서 '라면이 붇고'라고 해도 블로그로 옮겨오는 즉시 '라면이 불고'가 된다. 이런 말이 문자화되어 끝없이 노출되는 힘은 결코 작지 않다. 출판물처럼 정제된 글이 주를 이룰 때는 소수의 전문가가 '붇고'라고 쓰면 그만이었지만, 너도 나도 대중 매체에 글을 내놓는 상황에서는 그럴 수만은 없게 되었다. 따라서 이제 대중의 글쓰기를 진지하게 고민해야 한다.

규범을 없애자는 것이 아니라 좀 더 여유를 주자는 것이다. 인터넷 블로그에서 '붇고'보다 최소 열 배는 넘게 쓰이는 '불고'를 일일이 쫓아다니며 고칠 수는 없다. '붇다'가 아니라 '불다'를 표준어로 받아들일지 고민할 필요가 있는 것이다. 규범이 더욱더 대중의 말과 친해져야 하는 시대에 와 있는 것 같다. 누리통신망 시대의 국어가 보여 주는 현실이다.

대중이 선택한 말은
'너'가 아닌 '니'

어릴 적 서울말에서 '너'라고 한다는 걸 알고 내심 내가 쓰는 '니'를 촌스럽게 여기기도 했다. 서울 생활을 하게 된 시기에도 그랬던 것 같다.

그런데 이 '니'가 요즘은 보편화된 것 같다. 이제는 서울 지역에서도 쉽게 들을 수 있는 말이다. 그런데 이 '니'는 표준어가 아니다. 표준어는 여전히 '네' 또는 '너'이다. '네가'처럼 주격조사 '가'와 결합할 때는 '네'이고 그 외는 '너'이다.

원래 국어의 이인칭 대명사는 '너'였는데 옛말에서 주격조사 'ㅣ'가 결합한 것이 '네'이고, 이 말에 새로운 주격조사 '가'가 결합한 것이 '네가'이다. 이것이 '네+가'로 분석되면서 새로운 대명사 '네'가 생긴 것이다.

그런데 이 '네'는 오늘날 구어에서 거의 생명을 다했다. 억지로 글에서는 쓰고 있지만 실제 대화에서는 거의 쓰이지 않는다. 'ㅔ'와 'ㅐ' 모음이 구별되지 않게 되면서 '네'와 '내'를 구별하기 어렵게 된 것도 한 원인일 것이다. 더욱이 '네'는 '내'와 달리 표준어에서 길게 발음하는 것이지만 현실적으로 장단음의 구별조차 무너져 소리의 길이로도 구별하기 어렵게 되었다.

'네'가 아니라면 남은 선택은 두 가지이다. '너'이거나 '니'이거나. '너'를 선택한 화자들은 '네가' 대신 '너가'라고 하고 '니'를 선택한 화자들은 '니가'라고 한다. 어느 것이나 표준어가 아니기는 마찬가지지만, 어느 하나를 새로운 표준어로 올린다면 '니'가 되어야 할 것이다. 이유는 간단하다. 더 많은 사람들이 쓰기 때문이다.

이 '니'는 대중이 선택한 말이다. 일인칭과 이인칭을 부르는 말이 구별되지 않으니까 나름대로 그 문제점을 해결하기 위한 선택이다. 한국어를 배우는 외국인이 본다면 가장 기초적인 어휘에 속하는 이인칭 대명사가 일정치 않은 현실은 매우 기묘하게 느껴질 것이다. 기초 중의 기초 어휘라서 쉽게 바꾸기도 어렵겠지만 또 그렇기에 하루빨리 '니'를 표준어로 올려야 하지 않을까 싶다.

나는 자랑스런 태극기 앞에

"나는 자랑스런 태극기 앞에……"

'국기에 대한 맹세'는 이렇게 시작했다. 이 맹세문은 1968년 충남 교육청에서 처음 만들었고, 이후 1972년 문교부에서 받아들여 일부 문구를 수정해 오랫동안 사용하였는데, 이 앞부분은 그대로였으니 긴 역사 동안 사용한 것이다.

그런데 2007년 다른 표현도 수정하면서 이 '자랑스런'도 어법에 맞지 않는다 하여 '자랑스러운'으로 수정되었다. 그래서 지금 맹세문은 "나는 자랑스러운 태극기 앞에 자유롭고 정의로운 대한민국의 무궁한 영광을 위하여 충성을 다할 것을 굳게 다짐합니다"이다. 약 40년 동안 쓰이던 '자랑스런'이 하루아침에 쫓겨난 것이다.

'자랑스런'이 어법에 맞지 않는다는 이유는 일반적인 활용 방식에서 벗어나기 때문이다. 국어에서 '아름답다, 괴롭다, 덥다'와 같이 'ㅂ' 불규칙용언들은 '아름다운, 괴로운, 더운'으로 활용하지 '아름단, 괴론, 던'으로 활용하지 않는다. 따라서 '자랑스럽다'도 '자랑스러운'이어야지 '자랑스런'이 될 수 없다는 것이다.

그러나 이런 설명은 다시 생각해 볼 여지도 있다. 무엇보다도 '아름단, 괴론, 던'은 쓰지 않는 말이지만 '자랑스런, 사랑스런, 멋스런' 등은 많이 쓰는 말이다. '좋아'의 준말 '좌'는 없지만 '놓아'의 준말 '놔'는 있다. 같은 활용형이라고 해도 모든 단어를 똑같이 취급하지 않을 수 있는 것이다.

따라서 '~스럽다'의 단어들은 '~스런'의 활용형을 표준으로 인정할 수도 있지 않을까. 이는 한 단어에 그치는 문제가 아니라, '장난스런 키스, 자연스런 멋, 먹음직스런 토마토' 등 그러한 표현이 너무나도 일반화되어 있어서 더욱 그런 생각이 든다.

금이 서 돈일까,
세 돈일까

금을 세는 단위로 '돈, 냥'이 있다. 그런데 이 세는 말이 쉽지 않다. 예를 들어 '3돈, 3냥'의 금은 어떻게 세야 할까? 흔히 '세 돈, 세 냥'이라고 하겠지만, 아래와 같이 '서 돈, 석 냥'으로 세야 한다.

- 금이 서 돈쯤 되겠어요.
- 금 석 냥이면 값이 얼마야?

표준어 규정에 따르면, 세는 말 '돈, 말, 발, 푼' 따위 앞에는 '서, 너'를 쓰고 '냥, 되, 섬, 자' 따위 앞에는 '석, 넉'을 쓴다. 이 경우 '세 돈, 세 냥'의 '세'는 표준어가 아니다.

이 '서, 석' 등은 "구슬이 서 말이라도 꿰어야 보배", "내 코가 석 자" 등의 속담에서 보듯이 전통적으로 쓰이던 말이다. 30년대 만주의 한 보통학교 학생이 쓴 '돈'이라는 제목의 시를 감상해 보자. 이때까지만 해도 '서 돈, 넉 냥'은 일상적인 표현이었다.

조희한장 돈한돈

연필한개 돈두돈

공책한권 돈서돈

월사금이 돈넉냥

넉냥하구 돈엿돈

어디가서 구하나

넉냥하구 돈엿돈

어디가서 구하나

다만 이 세는 말도 변한다. 오늘날 초등학생은 '엿 돈'이라 하면 모르고 '여섯 돈'이라고 해야 안다. 또 사람들은 '한 푼, 두 푼, 세 푼, 네 푼……'이라고 하고, '한 돈, 두 돈, 세 돈, 네 돈……'이라고 하는 게 보통이다. 물론 제대로 글을 쓰고 싶다면 '세 돈, 네 돈'이 아니라 '서 돈, 너 돈'이라고 해야 한다. 표준어는 지켜 쓸 필요가 있다.

하지만 한편으로는 이 규정을 다시 생각해 보면 좋겠다는 생각도 든다. '서, 석'을 쓰는 것은 좋지만 그렇다고 굳이 '세'까지 막을 필요는 없지 않을까. 사실 다른 경우는 자유롭게 넘나든다. '자동차 세 대,

종이 세 장, 술 세 잔'이라고 하는 사람도 있고, '자동차 석 대, 종이 석 장, 술 석 잔'이라고 하는 사람도 있다. 이 경우 어느 하나만 올바른 말이라고 뚜렷하게 규정되어 있는 것도 아니다.

만일 '세 잔'이든 '석 잔'이든 어느 하나만 옳다고 한다면 또 다시 오류만 양산하는 결과가 될 것이다. 세는 말에 따라서 언제 '서, 석'이라고 하고, 언제 '세'라고 하는지 일일이 정하는 것은 쉽지도 않고 그럴 필요도 없다. 그래서 '서 돈, 서 푼, 석 냥'만 된다고 할 게 아니라, '세 대, 세 장, 세 잔', '석 대, 석 장, 석 잔'이 자유롭게 쓰이듯이 '세 돈, 세 푼, 세 냥'도 허용하는 것이 좋지 않을까 싶다.

'수놈'일까
'숫놈'일까

"토순네 숫놈이 불쌍해요."

어느 인터넷 블로그의 이 글에서 '숫놈'은 '수놈'이 표준어이다. 이 예처럼 '수-, 숫-'의 단어들은 표준어가 오히려 생소하다는 문제가 있다. 그래서 '수놈'인지, '숫놈'인지는 정서법 책에 약방의 감초처럼 등장한다.

'수-, 숫-'의 표준어는 12단어를 제외하고 모두 '수○○'가 표준어이다. 그 예외로는 거센소리로 굳어진 '수캉아지, 수캐, 수컷, 수키와, 수탉, 수탕나귀, 수톨쩌귀, 수퇘지, 수평아리'의 9단어가 있다. 그리고 '숫-' 어형이 표준어인 '숫양, 숫염소, 숫쥐'의 3단어가 있다.

이 외에는 모두 '수○○'가 표준어다. 곰의 수컷은 '수곰'이고, 말의 수컷은 '수말'이며, 고양이의 수컷은 '수고양이'이다. 마찬가지로 '숫놈'이 아니라 '수놈'이 표준어이다. '수거미, 수개미, 수벌, 수소, 수은 행나무' 등이 모두 그렇다.

'수-'의 옛말은 '숳'이다. 이 '숳'은 뒤 자음과 결합하여 '수캐, 수톑'처럼 거센소리가 되거나, '숫-'이 되어 '숫쥐'처럼 나타나기도 하며, 'ㅎ'이 탈락하여 '수게'와 같이 되기도 한다. 그만큼 많은 변화를 겪었고, 그러다 보니 사람마다 달리 말하기도 하는 것이다.

그래서 그 표준어 정하기가 쉽지 않겠다는 것은 이해되지만 현실과 너무 차이가 나는 점은 아무래도 문제이다. 대부분 사람들이 '수놈[수놈], 수소[수소]'보다는 '숫놈[순놈], 숫소[수쏘]'를 더 자연스럽게 느끼는 것이다. 사실 표준어를 정할 당시 국어연구소(현 국립국어원) 안은 '숫놈'이었는데, 문교부 최종안에서 '수놈'이 되었다고 한다. 그러나 서울 지역 화자 대상으로 조사한 바에 따르면 [순놈], [수쏘]로 발음하는 사람이 90% 이상이나 된다.

위 인터넷 블로그도 이러한 언어 현실을 잘 보여 준다. 현재 인터넷 블로그에서 '숫놈'이 '수놈'보다 서너 배 정도로 많은 걸 보면 이 표준어 정책은 성공하지 못했다고 할 수 있다. 간단한 문제는 아니겠지만 뭔가 손질이 필요해 보인다.

'갈려고 한다'는
틀린 말

"왜 일어나?"

"응, 이제 갈려고."

"그래? 그럼 나도 갈란다."

흔히 들을 수 있는 대화지만 완벽한 표준어는 아니다. 위 대화를 표준어로 한다면 '갈려고'는 '가려고'로 해야 한다. 또 '갈란다'는 '가려고 한다'의 준말로서 '가련다'로 해야 한다.

위 대화의 '갈려고'처럼 '-려고'를 '-ㄹ려고'로 쓰는 일이 적지 않다. 그러나 현재의 표준어는 '-려고'라는 점을 기억할 필요가 있다. 즉 '프로젝트를 추진할려고, 장벽을 넘을려고, 안건이 통과될려면' 등은 모두 '추진하려고, 넘으려고, 통과되려면'으로 써야 한다. 이렇게 써 놓으면 누구나 아는 것인데도 평소 '갈려고, 할려고'처럼 말하는 습관에 이끌려 표기까지 틀리는 것이다.

　이제 다음과 같이 널리 쓰이는 표현도 문제가 있다는 것을 알았을 것이다.

　　• 뗄래야 뗄 수 없는…….

　'불가분의'에 해당하는 이 말은 '떼려야 뗄 수 없는'이 올바른 표현이다. 즉 '떼려야'는 '떼려고 해야'에서 줄어든 말이다. 이와 마찬가지로 '미워할래야 할 수 없는, 이해할래야 할 수 없는' 등의 표현도 모두 '미워하려야 할 수 없는, 이해하려야 할 수 없는'으로 말하고 적어야 한다.

　다만 이 '-ㄹ래야'는 현실적으로 너무 많이 쓰인다. 인터넷 블로그만 봐도 '미워할래야'가 '미워하려야'보다 약 스무 배 정도나 된다. 앞으로 고민해 볼 필요는 있을 것이다. 그러나 지금은 표준어가 아니다. 훗날 어떤 변화가 생길지는 알 수 없지만 지금 기억해야 할 것은 '-려야'로 쓰는 것이 옳다는 점이다.

'흫' 소리가
사라졌어요

"저 결혼해요."

참 듣기 좋은 말이다. 좋은 반려자를 만나서 새로운 미래를 향해 가는 것은 생각만 해도 흐뭇한 일이다. 그런데 이 '결혼해요'를 [겨로내요]라고 발음하는 경우가 적지 않다. 'ㅎ' 소리가 사라져 버린 것이다.

이는 그 표기처럼 [결혼해요]라고 발음해야 한다. '결혼'처럼 'ㄹ'과 'ㅎ'이 만나면 두 소리를 이어서 발음하면서 'ㅎ'이 섞인 소리로 발음한다. 이렇게 'ㅎ'이 섞인 소리로 발음하다 보니까 [겨론내요]처럼 'ㅎ'을 생략하고 발음하는 일이 많은 것이다.

필자와 한국어 공부를 하는 중국의 대학생들은 이 '결혼'과 같은 발음을 무척 어려워한다. '살다'와 같은 식으로 'ㄹ'을 발음하고는 하는데 표준 발음을 들려주면 열심히 따라한다. 그래도 힘들어해서 한국인들이 'ㅎ'을 탈락시켜 발음하기도 한다니까 그게 '훨씬 쉽다'면서 웃는다. 그러면서도 '결혼'의 표준 발음을 익히려고 애쓴다.

'ㅎ'을 제대로 발음하지 않기는 '생각하다'와 같은 단어에서도 마찬가지다. 예를 들어 '생각해'는 [생각캐]가 올바른 발음이다. 'ㄱ'과 'ㅎ'이 합쳐져서 'ㅋ'으로 발음해야 하는 것이다. 그런데 이 경우도 [생가개]처럼 'ㅎ'을 빠뜨리고 발음하는 경우를 종종 볼 수 있다. '대답해'도 [대다패]라고 해야 하는데 종종 [대다배]라고 발음하기도 한다. 이렇게 잘못 발음하는 예는 쉽게 만날 수 있다.

'ㅎ' 발음 하나쯤은 대수롭지 않게 느껴질 수도 있다. 위 예처럼 'ㅎ'을 빠뜨리고 발음한다고 해서 의사소통에 큰 문제가 생기는 것도 아니다. 하지만 사소한 발음 하나도 정확하게 한다면 그 사람을 좀 더 신뢰하게 될 것 같다.

동해물과 백두산이
마르고 닳도록

우리는 애국가를 제대로 부르고 있는 걸까? 광복절 등 국가 기념식이나 운동 경기 개막식에서 합창단이나 가수가 애국가를 부를 때 유심히 들어본 적이 있는가? 언젠가 한번 인터넷을 통해 몇 곡을 들어보았다. 기대한 대로(?) 필자가 궁금해 했던 '닳도록'의 발음이 제각각이었다.

많은 노래를 들어본 것은 아니지만, 그래도 [달토록]으로 바르게 발음하는 경우가 많았다. 국어에서 'ㅎ'과 'ㄱ, ㄷ, ㅈ' 등이 만나면 'ㅋ, ㅌ, ㅊ'으로 발음한다. '좋고[조코], 좋다[조타], 좋지[조치]'처럼 '닳도록'도 [달토록]이 올바른 발음인 것이다.

특이하게 [달도록]이라는 발음도 있었다. 이는 가수가 애국가를 잘 불러야 한다는 긴장감에 글자 하나하나를 발음한 결과일 것이다. 순간의 개인적인 '실수'라고 볼 수도 있다.

문제는 [달또록]이다. 이렇게 부르는 경우가 꽤 있었다. 앞에서 말한 국어의 발음 규칙을 어긴 것이다. 이런 예는 종종 있다.

- 발이 <u>닿지</u> 않는다.
- 머리를 <u>땋고</u> 다닌다.
- 고추를 <u>빻다</u> 보니 눈이 맵다.

이 단어들의 표준 발음은 각각 [다치], [따코], [빠타]이지만, [다찌], [따꼬], [빠따]로 발음하는 경우가 적지 않다. '좋다, 낳다' 등에 비해서 발음의 오류가 많은 편이다. 의사소통에 큰 지장이 없다고 하더라도 가능하면 정확히 발음하는 것이 좋을 것이다. 애국가라면 더욱 그렇다.

'김빱'
좋아하시나요

필자는 어릴 때부터 '칫솔'을 '치솔'이라고 했다. 어른들이나 주위 사람 모두 그렇게 말했기 때문이다. '칫솔[칟쏠]'이라는 말도 있다는 것을, 게다가 표준어라는 것을 안 것은 나이 서른이 다 되어서였다. 그때는 이미 서울말도 꽤 접했을 때라 '칫솔'이 표준어라는 사실이 그리 놀랍지는 않았다.

그런데 중학생일 때 서울서 시집오신 외숙모가 '김밥[김밥]'이라고 하셨을 때는 상당히 놀랐던 기억이 난다. 아, 서울서는 그렇게 말하는 모양이구나 하고. 재미있게도 이후 국어의 흐름은 '김밥[김빱]'이 우세한 쪽으로 갔다. 그래서 마침내 2016년 표준국어대사전은 [김 : 밥] 대신 [김 : 빱]을 표준 발음으로 수정하였다.

국어 선생이라는 의무감으로 필자가 '칫솔[칟쏠]'로 고쳐 말하기 시작한지는 꽤 되었지만, '김밥'만큼은 지금까지 [김빱]을 고수해 왔다. '칫솔'은 주위 사람들이 그렇게 많이 쓰니까 바꾸기 쉬웠지만, '김밥'은 거의 대부분 [김빱]이라고 하니 혼자서 [김밥]이라고 하기도 멋쩍은 면이 있어서였다. 그만큼 [김빱]이 대세였고, 그에 맞게 표준어를 바꾸어 준 것은 적절하다는 생각이 든다.

'효과, 관건, 교과서'도 비슷한 예들이다. 이 단어들은 본래 [효 : 과], [관건], [교 : 과서]만 표준 발음이었다. 하지만 많은 사람들이 [효 : 꽈], [관껀], [교 : 꽈서]의 된소리로 발음하였고, 심지어 아나운서들조차도 절반 정도는 된소리로 발음할 정도였다. 어떻게 보면 억지로 [효 : 과] 등으로 발음해야 하는 불편한 상황이었던 것이다. 그런데 바로 얼마 전(2017. 12.) 이 [효 : 꽈], [관껀], [교 : 꽈서]의 된소리 발음도 마침내 표준 발음으로 인정되었다.

이렇게 어떤 때는 내가 쓰는 말이 표준어와 다르고, 또 그것이 어느 날 아침 표준어가 되기도 한다. 대중은 늘 표준어를 익혀 쓰도록 노력하고, 또 표준어를 만드는 사람들은 대중의 불편한 점을 헤아려 보아야 한다. 필자의 경험으로 '칫솔'과 '김밥'이 좋은 본보기이다.

5장

외국어보다 국어가 먼저이다

우리 말글 사랑

서러운 마음에
텅 빈 풍경이 불어온다

수업 시간에 학생들에게 우리말의 쓰임에 대한 조사 발표를 하도록 한 적이 있었다. 그 중 대중가요를 주제로 삼은 한 조는 이소라의 '바람이 분다'를 소개하였다. 한 부분만 소개하면 다음과 같다.

> 바람이 분다. 서러운 마음에 텅 빈 풍경이 불어온다.
> 머리를 자르고 돌아오는 길에
> 내내 글썽이던 눈물을 쏟는다.
> 하늘이 젖는다. 어두운 거리에 찬 빗방울이 떨어진다.
> 무리를 지으며 따라오는 비는
> 내게서 먼 것 같아. 이미 그친 것 같아.

이 노랫말에는 그 흔한 외래어가 전혀 없다. 학생들이 이 가사를 소개한 이유도 외래어 하나 없이 아름다운 우리말로써 절절한 감정을 잘 묘사했기 때문이었다.

그런데 뜻도 알 수 없는 영어가 '불필요하게' 뒤섞여 들어가 있는 노래가 적지 않다. 뜨거운 인기를 끌었던 드라마 '도깨비'는 아름다운 대사와 감동적인 시로 특히 기억에 남았다. 그 주제곡 역시 마찬가지였다.

난 너의 곁에 있을게. 너의 뒤에 서 있을게.

하늘 아래 너와 있다면 숨 쉬는 것만으로도 좋아.

너의 기억에서 내가 살 텐데 내 곁에서 머물러 줘.

그런데 이렇게 좋은 노랫말에 꼭 '잇츠 어 뷰리플 데이'와 같은 가사가 포함되어야 했을까. 왜 '아름다운 날'이 아니었을까.

학생들의 발표 시간에 흐르던 노래곡이 한 줄기 바람과 같았다. 아름다운 우리말이 주는 감동은 이렇게 생각보다 크다. 그리고 그 사실을 아는 학생들의 모습에서도 감동을 느낀다.

욜로
(You Only Live Once)

어느 주간지에서 이효리 취재 기사를 우연히 보게 되었다. 아래는 그 한 부분이다.

'효리네 민박'이 인기를 모으는 이유 중 하나는 요즘 사회적 트렌드인 '욜로You Only Live Once'에 부합하기 때문이다. 복잡한 서울과 연예계를 떠나 제주도에 터를 잡은 이효리는 넓은 마당을 가진 단독주택에서 반려견, 반려묘와 함께 알콩달콩 삶을 꾸린다. 게다가 요가에 심취한 그가 자연을 벗 삼아 고난도 요가 동작을 시연하는 장면은 보는 이들에게 힐링을 전한다.

이효리의 삶은 결혼이라는 사회적 제도를 달리 해석했다는 점에서 요즘 신세대들의 지지를 받고 있다. 그는 수많은 하객을 초대하는 일반적인 결혼식을 마다하고 제주도 집에서 소몰 웨딩을 택했다. 또한 '꼭 아기를 낳겠다는 생각은 없다'는 이효리의 소신은 육아의 어려움 때문에 '헬조선'이라 불리는 이 땅에서 출산을 꺼리는 딩크족에게 어필하는 바가 크다. 그러면서도 이효리는 이렇게 결혼하려면 하객들 비행기 티켓 구입 등 돈이 더 많이 들어가기 때문에 '스몰 웨딩이라 할 수 없다'는 특유의 너스레로 웃음을 이끌어낸다.

이 기사를 길게 인용한 데에 특별한 뜻이 있는 건 아니다. 다만 우리 사회의 새로운 삶의 문화를 보여 주는 핵심어들이 눈에 띄어서이다. '욜로'는 현재 자신의 행복을 가장 중시하여 소비하는 생활 방식을 가리키는 말이다. 미래나 자녀의 행복을 위해 현재의 나를 희생하던 앞선 세대의 가치관과는 많이 다르다.

이 기사에는 '스몰 웨딩'이라는 말도 등장한다. 지나치게 화려하고 과시적인 기존의 결혼 문화를 비판하여 나온 새로운 결혼 문화이다. '헬조선'은 삶이 어려운 우리 사회를 비판조로 말하는 용어이고, '딩크족'은 맞벌이를 하면서 자식은 두지 않는 생활 방식의 사람들을 가리키는 말이다. '힐링'은 현대적 삶에 지친 사람들이 휴식을 가지며 위안을 얻는 행위이다.

이런 말은 오늘날 우리 사회의 문제점을 비판하거나 새로운 삶의 문화를 지향하는 마음을 담고 있는 것이라고 할 수 있다. 오늘날 사회의 한 단면을 요약하는 핵심어들이다. 다만 그 말들이 하나같이 외래어인 점은 생각해 볼 여지가 있다. 우리 사회의 새로운 가치관을 우리가 아니라 외래적인 데서 찾으려고 하는 건 아닌지 아쉬운 마음이 든다.

표현의 맛 살리기

기발하고 참신한 표현은 독자의 눈길을 끈다. 한때 "밟지 말고 밟으세요~ 올리지 말고 올리세요~"로 시작하는 공익광고 노랫말이 있었다. 환경을 보호하자는 주제였는데, 자동차의 액셀레이터를 '밟지' 말고 자전거의 페달을 '밟으라는' 뜻을 나타낸 문구이다. 동음이의어의 효과를 이용하여 참신하게 그 뜻을 전달하고 있는 것이다.

그런데 이런 동음이의어의 표현 방식이 진화(?)하고 있다. 한자, 영어 등을 조합하여 이중적인 표현 효과를 나타내는 것이다. '다 있다!' 대신 '多 있다!'라고 씀으로써 우리말 '다'도 나타내고 '많다'는 뜻도 담는다. 비슷한 몇 가지 예를 보면 다음과 같다.

- 다함께 놀Go! 뛰Go! 즐기Go!
- "2012 하自!" 프로젝트

• 맛에 味치고 멋에 美치다

이러한 표현은 매우 기발하다. 이러한 '기발함'은 독자의 시선을 확 끄는 맛이 있다. 단순히 소리만 같은 말을 억지로 가져다 붙인 것도 아니다. 그 표현 내용과 관계있는 글자를 찾아 쓴 것이다. 한 대기업의 '눈의 피로를 낮추어 준다'는 것을 모토로 한 모니터 광고도 비슷하다. 괄호 속에 영어 단어를 달아놓았듯이 우리말 '아이'와 영어 '아이'가 겹친 말이다.

• 우리 아이(eye)가 달라졌어요.

분명 이러한 표현들은 광고의 관점에서 보면 성공적인 예이다. 그런데 그 기발한 느낌 다음에는 뭔가 우리말이 뒤틀리고 왜곡되었다는 느낌이 온다. 어느 치킨집 상호 '푸다닭'처럼 기발하지만 유쾌하지는 않다. 앞의 공익 광고처럼 우리말을 제대로 써도 얼마든지 아름다운 표현을 만들어낼 수 있지 않을까.
최근의 한 카드 뉴스이다.

• 과수원에서 사과 하나 슬쩍…… "서리가 아니고 도둑질입니다."

평범하면서도 뜻을 잘 전달하고 있다. '서리'와 '도둑질'의 미묘한 어감의 차이를 이용하여 과수원 과일은 지켜줘야 할 재산이라는 것을 효과적으로 전달하고 있지 않은가. 이런 표현의 맛이 훨씬 좋다. 우리 말을 '제대로' 쓰면서도 얼마든지 참신한 표현을 할 수 있다.

품격이 있는
상호 짓기

어느 축구 전문가의 칼럼을 읽다가 알게 된 이야기다. 독일 분데스리가에 'RB라이프치히'라는 팀이 있다. 이 이름의 'RB'는 'Rasen-Ballsport', 즉 '잔디에서 하는 구기 스포츠'라는 뜻이라고 한다.

그런데 이 팀의 모회사는 오스트리아의 거대 기업인 '레드불Red Bull'사이다. 축구팀 이름 'RB라이프치히'의 'RB'는 이 회사명을 연상시키는 데가 있다. 독일의 분데스리가는 원칙적으로 팀 이름에 모회사 이름을 표기할 수 없는데 어쩌면 교묘한 방식으로 회사명을 집어넣었다고 할 수도 있는 것이다. 그래서 원칙을 중시하는 독일인들 사이에서 비난이 거세다고 한다.

이 칼럼을 읽으면서 문득 우리나라 병원 이름들이 떠올랐다. '학문, 항문, 항, 무릅, 무릎, 측추, 허&리' 등은 '○○병원'의 이름으로 쓰이는 말들이다. 항문, 무릎, 척추, 허리 등을 연상시키는 이 말들은

'RB'와 같은 맥락으로서 묘안이라면 묘안인 예들이다.

그러나 결과적으로 언어의 품격을 느낄 수는 없다. 단어의 본모습이 왜곡된 데서도 그러하지만 세상의 사물과 개념을 대표하는 언어의 당당한 본질을 느낄 수 없기 때문이기도 하다. 병원은 병을 낫게 하고 건강을 되찾아 주는 곳이다. 그러니 언어도 '학문, 무릎, 측추'처럼 병든 말이 아닌 건강한 말이 어울린다. 듣기만 해도 기분 좋고 정겨운 병원 이름을 기대해 본다.

국어에 없는
소리들

한때 출근길 운전을 하면서, 라디오 음악 방송을 즐겨 들었다. 음악에 워낙 조예가 없는 필자로서는 진행자의 모든 것이 경이롭지만 딱 하나 귀에 거슬리는 것이 있었다. 지나치게 외국어식 발음을 구사하는 점이었다.

'플루트, 필하모닉 오케스트라, 바이올린, 비올라, 비바체……' 등 음악 용어의 'f'와 'v' 발음을 외국어식으로 하는 것이 대표적이다. 전문가로서 국제적 소통을 위해서는 그러한 외국어 발음을 구사할 필요가 있다고 이해되면서도, 많은 청취자가 듣는 공공 방송에서는 맞지 않는다는 생각이 든다.

사실 언제부터인가 오히려 방송 진행자들이 앞장서서 '팬, 팩스, 바이러스, 브이아이피' 등을 외국어식으로 발음하는 것을 종종 볼 수 있다. 그것이 올바른 영어 발음이라서 그러겠지만 올바른 국어 발음은 아니다. 이 'f, v'는 아랫입술과 윗니를 맞닿아 내는 소리로서 국어에 없는 말소리이다.

사실 이와 같이 원어(정확히는 영어)의 발음을 따라야 한다는 생각은 끊임없이 있어 왔다. 가깝게는 2008년 당시 새 정부 인수위원회의 책임자가 느닷없이 외래어 적기 정책을 전면에 들고 나왔던 일이 있다. '오렌지'는 잘못된 발음이고 '아륀지'라고 해야 하며, 이와 같이 국제화를 가로막는 잘못된 외래어 표기를 바로잡아야 한다고 했던 것이다. 이는 영어 중심의 사고이다.

서구식 외래어가 막 들어오던 근대기에도 프랑스는 '으랑스'로, 철학자 볼테르는 '올테르'로 적었다. 공식적인 표기법을 마련하여 쓰던 시기에도 다르지 않아서, 1948년부터 10년간 사용된 '들온말 적는 법'은 이와 같은 표기법을 시행하였다. 필름은 '앨름', 햄릿은 '함렛', 공자는 '콩스'로 적어 원어에 최대한 가깝게 적고자 했던 것이다. '아륀지'의 정책 입안자라면 두 팔 벌려 찬성했을 이런 아이디어는 지금까지도 끊임없이 제기되고 있다.

4, 50년대 공식적인 정부 정책으로 시행한 만큼, 이런 생각에도 나름대로 논리는 있을 것이다. 그러나 모든 것을 떠나 국어 화자들에게 생소한 발음이라는 사실 하나만으로 이미 받아들이기 어렵다. 영어에 능숙한 이들에게는 매력적일지 모르나, 다수의 사람들에게는 어색하고 불편하기 짝이 없는 노릇이다. 일종의 언어적 불평등이다. 우

리가 한국어 화자라는 것, 한국어로 말한다는 것이 무슨 뜻인지 되새겨볼 필요가 있을 것 같다.

수정궁은
어느 팀?

중국어를 모르지만 가끔 중국 텔레비전의 스포츠 방송을 본다. 영국 프로축구 팀의 경기를 보니 한 팀의 이름이 '수정궁水晶宮'이다. 바로 이청용 선수가 활약하고 있는 '크리스털 팰리스crystal palace' 팀이다. 다른 한쪽 채널에서는 미국 프로농구의 '국왕' 팀과 '용사' 팀이 경기를 벌이고 있다. 국왕 팀은 '새크라멘토 킹스kings' 팀이고 용사 팀은 '골든스테이트 워리어스warriors' 팀이다.

잘 알려진 사실이지만 중국은 컴퓨터를 '전뇌電腦', 텔레비전을 '전시電視'라고 하듯이 외국어를 자국어로 적극적으로 번역하여 쓴다. 게다가 위의 예처럼 고유명사까지 자국어로 바꾸어 쓰고 있다. 우리가 고유명을 소리대로 옮겨 쓰는 것과 대조된다.

여기에 대해서는 사람마다 생각이 다를 수 있다. 자기 나라 말로 알기 쉽게 옮겨 쓰는 것이 좋다는 생각, 아니면 고유명이니까 그 나라말 그대로 불러 주는 게 좋다는 생각이 그것이다. 둘 다 일리가 있는 생각이다.

그런데 외국어를 그대로 쓰는 이면에는 또 다른 심리가 있는 듯하다. 굳이 우리나라 팀의 이름까지도 외국어 일색으로 짓기 때문이다. 필자가 사는 창원 지역의 농구팀 이름은 '엘지 세이커스'인데 '세이커스'는 송골매라는 뜻이다. 사실 필자는 처음에 '세이커스'가 무슨 뜻인지 몰랐다. 날개를 펼친 새 모양을 통해 막연히 새의 한 종류일 거라고 짐작했을 뿐이다.

축구에 국한된 얘기지만 초창기 우리나라 프로 팀들의 명칭에는 할렐루야 '독수리', 유공 '코끼리', 포항제철 '돌고래', 현대 '호랑이', 럭키금성 '황소' 등 우리말이 적지 않게 쓰였다. 그것이 어느덧 외국어와 외래어 일색으로 바뀌고 말았다. 아무래도 외래적인 말이 주는 나름의 느낌을 중시해서일 것이다.

그러나 언어의 가장 기본적인 기능은 '뜻'을 전달하는 데 있다. 이런 외국어 이름을 보면 본질보다 '형식'이 앞서는 느낌을 받게 된다. 오히려 뜻도 쉽고 듣기에도 좋은 우리말 이름이면 더 많은 이들에게 사랑받지 않을까 싶다.

언어 권력
조심하기

말은 사람들이 써야 생명을 얻는다. 한두 명이 '김치'를 '네모'로 부르겠다고 해서 말이 바뀌는 것은 아니다. 이를 '언어의 사회성'이라고 한다. 이러한 언어의 특성을 생각하면 말을 결정하는 것은 대중이다.

그런데 어떤 면에서 대중은 단순히 수용자에 머물기도 한다. 우리는 새로운 말을 알게 되었을 때 당연히 그 말을 따라할 수밖에 없다. 혼자서 다른 말로 바꾸어 쓰지는 못한다. 필자는 어느 회의에서 '컨트롤 타워'라는 말을 처음 듣고는 회의 내내 그 말을 따라할 수밖에 없었다. 누구나 이런 경험이 있을 것이다.

그래서 수많은 독자나 청자를 대상으로 하는 말하기는 강한 힘을 갖는다. 거기에서 한 명의 전문가가 쓰는 말이 수백, 수천만 명의 언어를 결정할 수도 있기 때문이다. 우리는 일상에서 '빨간색, 파란색,

갈색'이라고 하다가도, 옷이나 신발 등을 구매할 때 '레드, 블루, 브라운'이라고 말하는 것을 흔히 볼 수 있다. 그 분야의 전문가들이 그러한 용어를 쓰기 때문이다.

이렇게 보면 언어의 권력이 때로는 대중이 아니라 특정한 소수에 있다는 생각이 든다. 그래서 특히 방송과 같은 대중 매체는 언어를 조심해서 써야 한다.

"루프톱 카페라고 하는데요. 말 그대로 옥상 카페입니다." 어느 방송 기자의 말이다. 보도는 정보를 생명으로 하니까 '루프톱 카페'라는 말을 소개하고 싶을 수도 있다. 그러나 이 한 마디를 통해서 생소한 이 단어를 수많은 사람이 접하게 된다. 그래서 가려 쓸 필요가 있는 것이다. 곧바로 "옥상 카페입니다"라고 말했으면 어땠을까. 오히려 대중은 그런 기자가 고맙다.

'삼디 프린터'의
논란에 대하여

얼마 전 대통령 선거 후보자 토론회 중에 난데없이 '3D' 프린터 소동이 일었다. 한 후보자가 이를 '삼디 프린터'라고 부른 게 발단이었다. 이를 두고 다른 한 후보가 '스리디 프린터'라는 전문 용어도 모르냐고 타박한 것이다.

때가 때인 만큼 그 배경이 단순치는 않았겠지만, 하여튼 이 '3D' 용어를 두고 때 아닌 갑론을박이 일었다. 사람들이 실제 쓰는 말은 '스리디'이다. 그러니 당연히 '스리디'라고 해야 한다. 이는 충분히 공감할 만한 주장이다. 언어는 사회적 약속이기 때문이다.

반면에 '3D(삼디) 업종'이라는 말도 있으니까 '삼디 프린터'라고 할 수 있지 않으냐고 주장할 수도 있다. 그러나 '삼디 업종'은 '삼디 업종'이고, '스리디 프린터'는 '스리디 프린터'이다. 그게 통용되는 말이다. 따라서 '3D 업종'을 끌어들인 이야기는 꽤 비논리적인 면이 있다. 그럼에도 많은 이들이 이런 주장에 고개를 끄덕이는 것은 '외래어보다는 우리말을 쓰는 게 좋다'는, 거의 명제화된 생각 때문일 것이다. '스리디 프린터'라고 하니까 '스리디 업종'이라고 하자는 주장은 아무도 하지 않는 걸 보면 억측은 아닐 것이다.

그런데 우리가 심정적으로 동의하는 이러한 당위론이 현실에서는 정반대 방향으로 가는 것 같다. 일상에서 온갖 외래어들이 쓰이는데, 이미 그 현실에 무감각해져 있다. 마음 따로, 몸 따로 가고 있다. 이 모순된 현실에서 우리말을 3D 프린터로 출력한다면 어떤 모습일까?

국어 기본법,
문제없다

2016년 11월 24일, 국어 기본법이 합헌이라는 헌법재판소의 결정이 있었다. 2012년에 한 단체에서 낸 국어 기본법 위헌 소송에 대한 결론이 난 것이다.

쟁점의 핵심은 공문서를 한글로 작성해야 한다는 제14조의 내용이다. 위헌 측의 주장은 공문서에 한자를 배제하고 한글을 전용하는 것이 국민의 기본권을 침해한다는 것이었다. 그런데 헌법재판소는 국민들이 공문서에서 공적 생활에 관한 정보를 습득하므로, 국민 대부분이 읽고 이해할 수 있는 한글로 쓰는 것이 타당하다고 판정한 것이다.

당연한 결론이다. 쉬운 문자를 쓰는 것은 국민의 편의에도 도움이 되지만, 국가의 발전과도 직결된다. 새로운 외국 문명에 맞닥뜨려 황망하던 시절인 근대기에 고종 황제는 공문식을 모두 한글을 기본으로 하여 쓰도록 명하였고(1894년, 칙령 제1호 제14조), 1896년에 창간된 〈독립신문〉은 "상하귀천이 다 보게" 한글로만 기사를 썼다.

이는 모두 쉬운 문자로 원활한 의사소통을 하지 않고서는 국가의 발전을 기대할 수 없다고 생각했기 때문이다. 최초의 신문인 〈한성순보〉(1883년)에서 한문만 쓰다가, 이후의 〈한성주보〉(1886년)에서 한문 전용, 국한문 혼용, 한글 전용의 기사를 나누어 싣게 된 것도 쉬운 문자가 가져다주는 이로움을 인식했기 때문이다.

오늘날이라고 해서 다를 바 없다. 특히 현대처럼 다양한 정보를 빠르게 주고받는 사회에서 문자가 장애가 되어서는 안 된다. 우리에게 한글은 가볍게 달릴 수 있는 트랙과 같은 것이다. 물론 우리말의 특성상 한자 지식도 중요하다. 그러나 현명한 교육 제도를 통해서 이는 얼마든지 해결할 수 있다. 가능하다면 국민에게는 쉽고 편리하고, 국가의 발전에도 도움이 되는 한글이라는 고유 문자를 쓰는 데 인색할 필요는 없을 것이다.

조선에서
자랑할 것이 무엇인가

일제 강점기인 1928년 '별건곤'이라는 잡지(12·13호)는 '조선에서
자랑할 것이 무엇인가'라는 주제로 흥미로운 기획을 한다. '자랑'호
라고 이름 붙여진 이 잡지에서, 당대의 지식인 박팔양은 '아무 것도
없다'는 것이 솔직한 고백일는지 모른다고 하면서도 애써 찾은 자랑
거리로 '한글'을 든다. 짧은 글이어서 전문을 소개한다.

> 문필에 종사하는 우리로서는 우리들이 가진 '글'을 자랑하고 싶다. '언
> 문'이란 이름 아래 갖은 학대를 받아 오던 우리들의 글! 이것이야말로
> 조선이 창조한 유일의 특색 있는 문자다. '훈민정음'의 창안, 발포는 비
> 단 세종대왕의 일대의 업적이었을 뿐 아니라 진실로 조선 사람의 전체
> 의 이름으로써 가져야 할 영예일 것이다.
> 우리는 우리들의 글을 '한글'이라고 부르자. 그것이 세계 언어학상에 있

어서도 중요한 지위에 처하여 있음을 우리들은 학자들의 입으로부터 들어 알고 있다. 이러한 '한글'을 창조한 조선 사람의 총명을 우리는 자랑한다. 그러나 무능한 자손만이 선조의 업적을 자랑함으로써만 일을 삼는 법이니 우리는 이 '한글'을 자랑함으로써부터 한걸음 더 나아가 세계적으로 자랑할 우리들의 문학(더 넓히면 문화)을 건설하기에 부단히 노력하여야 할 것이다.

당시는 '한글'이라는 이름도 생소하던 시기였다. 그 스스로 말한 것처럼 '한글'의 이름을 불러 주면서 나라 잃은 시대의 우울한 마음을 달래지 않았을까. 사막의 한가운데에서는 샘물만큼 소중한 것도 없다. 한글이 그런 존재였다는 사실을 이 짧은 글 한 편을 통해 새삼 되새겨 보게 된다.

한글은
왜 쉬운 글자인가

'가, 괄, 굼, 궤, 뇌, 눌, 부, 북……' 등 우리말의 말소리는 참 많다. 그런데 우리는 쉽게 이런 소리를 적어 낸다. 만일 뜻 하나에 글자 하나를 만드는 한자처럼 각 말소리마다 글자를 하나씩 만들었다면 이렇게 쉽게 적을 수 없을 것이다. 외워야 할 글자가 너무 많아지기 때문이다.

물론 한글은 소리글자이다. 그래서 이것만으로도 뜻글자인 한자에 비하여 글자 수가 줄어들 수 있다. 한자는 [가] 소리만 해도 '可, 家, 歌……' 등 많은 글자가 있지만 한글은 이 모두를 '가' 한 글자로 적으면 되기 때문이다.

그래도 실제 국어의 말소리는 워낙 많아서 하나하나 글자를 만들면 엄청난 수가 된다. 따라서 [가, 괄, 굼, 궤, 뇌, 눌, 부, 북……] 등 말소리마다 새 글자를 만들기는 거의 불가능하다. 그런데 한글은 자음과 모음 글자를 따로 만드는 방식으로 이 문제를 간단히 해결했다. 예를 들어 [가, 나, 다, 라, 거, 너, 더, 러] 8개 소리를 각각 글자로 만들려면 8개를 만들어야 하지만, 자음과 모음으로 나누어 만들면 'ㄱ, ㄴ, ㄷ, ㄹ, ㅏ, ㅓ' 6개만 필요하다.

이 정도는 별거 아닌 듯하다. 하지만 말소리가 많아질수록 그리고 받침소리까지 생각하면 그 효과는 기하급수적으로 커진다. 예를 조금 늘려 보자.

〈초성〉 ㄱ ㄴ ㄷ ㄹ (4)
〈중성〉 ㅏ ㅓ ㅗ ㅜ (4)
〈종성〉 ㄱ ㄴ ㄷ ㄹ (4)

이 자음, 모음으로 이루어진 '가능한' 음절은 4×4×4=64개이다. 그 각각을 글자로 만들면 64글자가 필요하다. 그러나 한글은 자음, 모음을 나누어 글자를 만들고, 종성(받침소리)은 초성 글자를 그대로 쓰기로 함으로써 불과 8글자만 있으면 된다.

'가, 괄, 굼, 궤, 뇌, 눌, 부, 북……'처럼 국어에서 쓰이는 음절은 약 2,000여 개 정도라고 한다. 그런데 한글은 불과 24개 자모, 혹은 된소리 글자와 이중모음 글자까지 쳐도 40개 자모만으로 이 많은 음절들을 적어 내고 있는 것이다. 세종 당대에 슬기로운 사람은 아침이 지나기도 전에 글자를 모두 깨칠 수 있다고 했는데 그 말이 실감난다. 한글은 소리글자가 되고, 자음과 모음을 나누어 적는 음소문자가 됨으로써, 배워야 할 글자 수가 매우 적은 쉬운 문자가 된 것이다.

'한글'이라는 이름은
누가 지었나

'한글'이라는 이름은 누가 만들었으며, 무슨 뜻일까? '한글'이라는 이름이 등장한 것은 일제 강점기 무렵부터이다. 이 이름을 처음 만든 이로 가장 유력한 인물은 주시경 선생과 최남선 선생이다.

이렇게 분명치 않은 것은 당대의 학자들 이야기가 엇갈려서이다. 최남선이 지었다는 견해는 당대의 박승빈 선생의 언급 때문이다. 그에 따르면 1910년 조선광문회 회의석상에서 최남선 선생이 '한글'이라는 이름을 제안하였고, 이를 주시경 선생이 수용함으로써 널리 쓰이게 되었다고 한다. 최남선 선생도 『조선 상식 문답』이라는 책에서 이를 언급하면서 '한글'의 '한'은 크다는 의미와 한나라韓의 의미를 담고 있다고 밝히고 있다.

그런데 역시 당대의 이윤재 선생은 주시경 선생이 '한글배곧'(조선어강습소)이란 강습소를 세웠는데 이로부터 우리 글자를 '한글'이라하게 되었다고 증언한다. 주시경 선생은 이밖에도 책이나 연구회 이름 등에서 '한글'이라는 이름을 썼다. 특히 선생은 '한나라말, 한나라글'이라는 이름도 쓰고 '한말'이라는 이름도 썼다. '한말'이 있었다면 '한글'도 있었을 거라고 쉽게 짐작할 수 있다. 국어학자 고영근 선생은 이와 같은 이윤재의 증언 및 그 밖의 자료들을 중시하여 '한글'을 작명한 분은 주시경 선생이라고 주장한다. 이는 오늘날 널리 알려진 견해이다.

'한글' 이름을 지은 이는 다소 불분명하지만 그 뜻은 '한나라말' 즉 '韓글'이다. 당시 외국인이 우리말을 '韓語(한어)'라고 불렀고 주시경의 제자인 권덕규 선생도 '한글'이 '韓文(한문)'을 우리말로 그냥 읽은 것이라고 증언하기도 한다.

그런데 '한글'의 '한'은 최남선 선생의 언급처럼 '크다'라는 뜻으로 이해되기도 한다. 대부분 사람들이 흔히 알고 있는 뜻이다. 이 '크다'가 본래의 의미는 아니지만 억지로 붙인 뜻도 아니다. 우리나라를 가리키는 '韓'이 전통적으로 '크다'라는 의미로 이해되었기 때문이다.

예를 들어, 1930년 12월 2일자 〈동아일보〉의 '한글 질의란'에 '한글'의 뜻을 묻는 독자의 질문에 대한 이윤재 선생의 답이 실려 있는데, 여기에서 선생은 '한글'이 '조선글'이라는 뜻이요 주시경의 작명이라고 하면서, '한'은 우리나라를 가리키는 이름으로 '桓, 犴, 韓'이고, 이 말의 어원은 '하늘ㅊ, 하나ㅡ, 크다ㅊ'라는 의미가 내포되어 있다고 답한다. '韓'의 의미를 그렇게 생각한다면 '한글'은 '韓글'이면서 '큰 글'이라고 할 수 있다.

'그, 느, 드'라는
글자 이름

필자의 학생 한 명은 (3ㄱ)과 같은 예를 '삼 기역'이 아니라 '삼 그'라고 읽는다. 물론 (6ㄴ)은 '육 느', (12ㄷ)은 '십이 드'와 같이 읽는다. 그는 중국 흑룡강성 출신 조선족 유학생이다. 가족 모두 조선어를 사용하는데다가, 고등학교까지 조선족 학교를 다녔으니 한국어는 모국어나 다름없다.

그러니 한국어에 서툴러서 '삼 그'라고 읽는 것은 아니다. 이 학생이 나고 자란 흑룡강성은 일찍부터 북한 어문의 영향을 받은 곳이다. 북한의 한글 자음자 이름은 남한과 다르다. 우리는 'ㄱ 기역, ㄴ 니은, ㄷ 디귿, ㄹ 리을, ㅁ 미음, ㅂ 비읍, ㅅ 시옷……'으로 부르지만, 북한은 'ㄱ 기윽, ㄴ 니은, ㄷ 디읃, ㄹ 리을, ㅁ 미음, ㅂ 비읍, ㅅ 시옷……'이라고 한다.

둘 모두 '이으'를 기본으로 하여 해당 자음자를 초성과 종성에 붙이는 방식인데, 우리의 경우 '기역, 디귿, 시옷'은 이 규칙에서 벗어나 있다. 이것이 불편하다고 하여 한글 맞춤법 개정 당시 '기윽, 디은, 시옷'처럼 규칙적으로 하자는 의견이 제기되기도 했었다.

이와 달리 북한은 처음부터 '기윽, 디은, 시옷'으로 하여 한 가지 방식으로 통일하였다. 그리고 이마저도 어렵다 하여 '그, 느, 드, 르, 므, 브, 스……'와 같은 또 하나의 이름을 정하였다. 즉 북한의 한글 자음자 이름은 두 가지인 셈이다.

북한의 이러한 한글 자모 이름은 중국의 동포 사회에 그대로 이어졌다. 앞의 학생은 학창 시절 내내 '기윽, 니은, 디은', 또는 '그, 느, 드'라고 하였다고 한다. 그 이름이 이제 한국의 남쪽 대학의 한 강의실에 등장한 것인데, 글자 이름 하나에서 새삼 분단의 역사가 느껴진다.

'짜장면'과
한글

2011년 8월 31일, '짜장면'이 표준어가 되었다. 그동안 '자장면'만 표준어였는데, 다들 '짜장면'이라고 하니까 마침내 표준어로 인정한 것이다. 그래서 지금은 '자장면', '짜장면' 모두 표준어이다.

네티즌들은 이 날을 '짜장면 광복절'이라고 부른다. 그럴 정도로 답답했는데 왜 '짜장면'을 표준어로 올리는 데 그렇게 오랜 시간이 걸렸을까? 무엇보다도 규범을 자주 바꾸면 제 기능을 하기 어렵기 때문이다. 금방금방 바뀔 규범이라면 애써 배울 필요도 없다. 사실 1988년에 표준어 규정이 생기고 이를 바탕으로 1999년에 표준국어대사전이 나왔지만, 표준어를 공식적으로 수정 보완한 것은 2011년 당시 '짜장면'을 비롯한 39개 항목을 추가한 것이 처음이었다.

이렇게 '느린' 변화에는 한글의 특성도 한 원인이 되었을 것이다. 본질적으로 소리글자는 소리가 변하는 대로 표기도 바뀐다. 더욱이 한글처럼 소리를 정확히 반영하는 문자는 더욱 그렇다. 표준어를 [짜장면]으로 바꾸면 표기도 '짜장면'으로 바꿔야 한다. 이렇게 하면 간단할 것 같지만, 한편으로 대중은 누구나 한평생 눈에 익은 표기가 바뀌지 않기를 원하기도 한다. 따라서 발음이 바뀌었다고 해서 곧바로 받아들이고 새로운 표기로 바꾸는 것이 간단한 문제는 아니다.

'짜장면'은 환영받은 예이지만, 결과적으로 '자장면', '짜장면'의 두 표기가 공존하는 기묘한 상황을 피하지는 못하였다. '세다, 작다' 등도 [쎄다], [짝따]를 표준 발음으로 인정하는 게 어려울 게 없다. 하지만 그렇게 하는 순간 '쎄다, 짝다'로도 적어야 하는 문제가 생긴다.

이와 같이 한글의 특성상 적잖은 경우 변화된 발음을 표준으로 받아들이는 것이 쉽지 않다. '짜장면'이 오랫동안 표준어가 되지 못한 데는 이런 원인도 있었던 것이다. 다만 이것을 한글의 단점이라고 하기에는 소리를 정확하고도 자유롭게 적는 한글의 장점이 너무나도 크다. 어떤 면에서는 한글의 장점을 제대로 누리기 위해서라도 약속한 발음을 잘 지켜 말할 필요가 있다.

행복한 삶을 위한
'쉬운 말' 쓰기

2014년 이웃나라 일본의 한 방송국이 외래어를 많이 쓴다는 이유로 제소당했다는 뉴스가 있다. 다카하시 호지라는 한 70대 노인이 NHK 방송국에서 '리스크, 케어, 트러블, 컨시어지' 등 이해하기 어려운 외래어를 너무 많이 사용해 정신적 피해를 입었다며 141만 엔의 위자료를 청구했다는 것이다. 비록 이 청구는 기각되었지만 이 일화는 어려운 외래어 때문에 소외되는 계층이 있다는 걸 상기시켜 준다.

우리나라도 마찬가지다. '국민 신문고'에는 난해한 외래어 용어 사용에 대한 민원이 심심찮게 보인다. 어떤 이는 '매니페스토'라는 말이 너무 어렵다면서, 어떤 이는 '드림 스타트 사업, 스마트 워크 사업'과 같은 명칭이 무슨 말인지 모르겠다면서 쉬운 말로 바꾸어 쓰자는 민원을 제기하고 있다.

이렇게 쉬운 말을 쓰면 좋겠다는 바람은 큰 변화로 나타나기도 한다. 1979년 영국의 크리시 메이어 여사는 뜻을 같이하는 사람들과 함께 런던의 의사당 앞에서 공문서 다발을 찢어 버리며 쉬운 말을 쓰자는 시위를 벌였다. 그 공문서는 대중이 알기 어려운 라틴어나 전문 용어로 가득 찬 것들이었다. 이로부터 영국에서는 '쉬운 영어 운동'이 시작되었다. 일본에서도 '외래어 바꿔 쓰기 제안'이라는 작지만 눈에 띄는 움직임이 있었다. 2002~2006년 동안 60대 이상 노년층이 이해하기 어려운 외래어 176개를 골라 쉬운 말로 바꾸어 쓰도록 한 것이다.

필자는 몇 해 전 교육 용어를 쉬운 말로 바꾸는 회의에 참석해 본 적이 있다. 그때 '그린스쿨, 독서 애니메이터, 유앤아이폼, Wee Project' 등 이해하기 어려운 말들이 교육 현장에서 많이 쓰이는 걸 보면서 깜짝 놀랐다. 당시 언론에도 소개되었지만 이런 말들은 '친환경 학교, 독서 알림이, 교복 물려 입기, 학교 안전 통합 시스템'처럼 쉬운 말로 쓰는 게 좋다.

어려운 말은 불편하다. 한때 서울시의 여성 창업 교육 프로그램인 '맘프러너 창업 스쿨'의 말뜻을 몰라 수천 명이 신청하지 못하는 일도 있었다. 더 많은 사람들의 행복을 위해서라도 쉬운 말을 써야 한다.

한자성어 대신
속담 쓰기

'망양보뢰亡羊補牢'라는 말이 있다. 우리말 속담으로는 '소 잃고 외양간 고치기'이다. 이런 한자성어들은 말하고자 하는 내용을 한마디로 함축하는 효과가 있다. 흔히 정치인들이 애용하기도 한다. 2016년 교수신문에서 고른 올해의 한자성어는 '군주민수君舟民水'로서 그 한마디에 우리의 아픈 정치 현실을 담고 있다.

이와 같이 한자성어를 통한 비유적 화법은 효과적인 말하기 문화지만 좀 어렵게 느껴지는 문제는 있다. 지난 대선 후보들이 내세운 한자성어들을 보면, '재조산하再造山河, 마부위침磨斧爲針, 사불범정邪不犯正, 혁고정신革故鼎新, 불파불립不破不立, 노적성해露積成海' 등 일부러 그렇게 고르지 않았을까 싶을 정도로 어려운 말들이다.

이보다는 좀 더 맛깔나는 속담을 인용하는 건 어떨까? '망양보뢰'를 거칠 것 없이 바로 '소 잃고 외양간 고치기'로 들어가는 거다. '마부위침'은 '무쇠도 갈면 바늘 된다', '노적성해'는 '실도랑 모여 대동 강 된다'와 같이 딱 맞는 속담이 있다.

자신의 꿋꿋한 소신을 밝히고자 한다면 '강물이 돌을 굴리지 못한 다'라고 할 수 있고, 상대방 정당의 협력을 구하고자 한다면 '백지장 도 맞들면 낫다'라는 익숙한 속담을 쓸 수 있을 것이다. 기회를 기다 리는 입장이라면 '바람이 불어야 배가 가지'라고 속마음을 내비치고, 국민의 단결을 호소하고 싶으면 '입이 여럿이면 금도 녹인다'라고 할 수 있다. 사실 일반 화자들은 '우이독경'보다는 '쇠귀에 경 읽기', '동 가홍상'보다는 '같은 값이면 다홍치마', '천정지와'보다는 '우물 안 개구리'를 선호한다.

때로는 이러한 속담으로써 정치적 견해를 비유한다면 국민도 정 치를 더 친근하게 느끼지 않을까. 국민의 눈높이에 맞는 언어로써 표 현되는 정치 철학을 만나고 싶다.

'옥상'의
'일광욕 의자'

여름 하면 떠오르는 장면 가운데 하나는 긴 의자에 누워 일광욕을 즐기는 모습이다. 필자는 그 의자를 무어라 부르는지 궁금했었는데, 최근 그 이름이 '선베드'라는 것을 알았다.

여름 휴가철 용어로 이와 같이 낯선 외래어는 또 있다. '풀빌라'는 전용 수영장이 딸린 숙박업소, '루프톱'은 야외 카페 등이 있는 건물 옥상을 가리키는 말이다. 이 역시 필자에게는 생소한 말들이다.

가뜩이나 무더운 여름, 이런 외래어들은 뭔가 거추장스러운 옷 같다는 느낌이다. 다행히 최근(2016년) 국립국어원은 이 세 가지 여름 휴가철 용어를 쉬운 말로 바꾸어 선보였다. '선베드'는 '일광욕 의자', '풀빌라'는 '(전용) 수영장 빌라', '루프톱'은 '옥상'으로 다듬은 것이다. 그 말들로 대화를 한번 꾸며 보았다.

"김 대리, 이번 여름휴가 어디로 가나?"

"네, 저는 가족끼리 전용 수영장 빌라(←풀빌라)에 가 보려고요. 과장님
은요?"

"아, 나는 어디 가까운 빌딩 옥상(←루프톱)에 가서 일광욕 의자(←선베
드)에 누워서 잠이나 푹 잘 거야."

이렇게 쉬운 말을 쓰면 시원스럽게 뜻이 통하지 않는가? 괄호 속
의 '풀빌라, 루프톱, 선베드'의 낯선 말보다는 '전용 수영장 빌라, 옥
상, 일광욕 의자'가 가볍고 편한 느낌이다.

이번 여름휴가에는 몸과 마음을 건강하게 재충전하면서 이 말들
도 한번쯤 생각해 보자. 여름휴가 철 용어는 '국립국어원' 누리집
(http://www.korean.go.kr)이나 '우리말 다듬기' 누리집(http://malteo.
korean.go.kr), '이렇게 다듬었어요' 블로그(http://blog.naver.com/
areumkor)에서 찾아볼 수 있다.

여름철에 만나는
우리말

여름철에 많이 쓰는 몇 단어를 더 살펴보고자 한다. 다음은 여름휴가를 떠난 나여름 씨의 하루 이야기이다. "나여름 씨는 바캉스를 떠났다. 그녀가 선택한 의상은 시원한 노슬리브와 핫팬츠 차림. 청결을 위해 디오더런트도 잊지 않았다. 그녀는 워터파크에서 신나게 물놀이도 즐기고, 에이티브이를 타고 모래밭을 질주하기도 했다. 저녁에는 월풀에서 지친 몸을 리프레시했다."

여기에는 어려운 말이 적지 않은데, 좀 더 쉽게 표현할 수는 없을까. 국립국어원의 다듬은 말에 따르면, '노슬리브, 핫팬츠'는 '민소매, 한뼘바지'이다(나 씨가 '시스루, 오프숄더' 차림이었다면, '비침옷, 맨어깨' 차림이 된다). '민소매'는 예전의 일본말 '(소데)나시'를 이겨 낸 말이기도 하다.

'디오더런트'는 '체취 제거제'이며, '워터파크'는 말 그대로 '물놀이 공원', 바퀴가 네 개 달린 오토바이인 '에이티브이(ATV)'는 '사륜 오토바이', 그리고 '월풀'은 '공깃방울 욕조', '리프레시'는 '재충전'이다. 이제 다듬은 말과 함께 나 씨의 하루를 다시 따라가 보자.

나여름 씨는 여름휴가를 떠났다. 그녀가 선택한 의상은 시원한 민소매와 한뼘바지 차림. 청결을 위해 체취 제거제도 잊지 않았다. 그녀는 물놀이 공원에서 신나게 물놀이도 즐기고, 사륜 오토바이를 타고 모래밭을 질주하기도 했다. 저녁에는 공깃방울 욕조에서 지친 몸을 재충전했다.

서구 외래어·외국어에 짓눌린 우리말 속 불필요한 말을 덜어내어 가볍게 해 주자. 교과서에서는 '물놀이 공원'이라고 애써 교육하는데, 학교 밖에서는 '워터파크'가 더 널리 쓰이는 게 우리말의 현실이다.

'곤색'을
다시 마주하며

"곤색 정장에 물방울무늬 분홍색 넥타이 차림의 김 대표는⋯⋯."
이는 어느 정당의 모습을 보도한 한 언론 기사이다. '곤색'은 일본어
에서 온 말이다. '감색紺色'의 '紺'이 일본어로 '곤'이다.

우리말 속의 일본어는 대부분 과거 일제 강점기의 산물이다. 그 시
기에 잃어버린 우리말을 찾기 위한 노력은 꾸준히 이어져 왔다. 광복
직후인 1948년 정부는 『우리말 도로 찾기』라는 책자를 발간하였는
데, '도시락'도 이 책에서 제안되어 결국은 '벤토'를 이겨낸 말이다.

'곤색'을 우리말로 바꾸기 위한 노력 역시 적지 않았으나 완전히
없애지는 못했다. 필자의 딸아이도 이 말을 쓰는 걸 보면 꽤나 질긴
생명력을 지닌 것 같다. 물론 일본어라고 하여 무조건 배격할 필요는
없지만, '곤색'은 고유한 문화적 의미를 지닌 것도 아니어서 군이 두
고 쓸 필요는 없을 것이다.

이 말의 대안도 많다. 그 가운데 널리 쓰이는 것은 '감색'이다. 또 '진남색'(진한 남색)이나 '검남색'(검은 빛이 도는 남색)이라는 순화어도 있다. 무엇보다도 '감색'처럼 이미 자리 잡은 말이 있다면 '곤색'은 더더욱 피해야 할 말이다. 그래서 위 기사는 유감스럽다.

반면에 같은 기사의 '물방울무늬'는 반가운 말이다. 이 역시 일본 말에서 온 '뗑뗑이'가 적잖이 쓰이기도 한다. 또 영어에서 온 '도트 무늬'도 종종 쓰인다. 이 가운데 '물방울무늬'가 여러 모로 가장 예쁜 말이다.

'곤색'과 '물방울무늬'가 한 문장 안에 있는 것은 어색해 보인다. 그보다는 "감색 정장에 물방울무늬 분홍색 넥타이 차림"이 더 자연스럽고 좋은 표현 아닐까. '곤색, 뗑뗑이'와 같은 일본말은 이제 없어도 될 것 같다.

잘못 꿴 첫 단추,
'서울러'

언제부터인가 서울사람을 가리키는 말로 '서울러'라는 단어가 쓰이고 있다. 2000년대 초반 서울사람을 가리키는 영어 단어를 만들자는 움직임이 있었다. 세계 유명 도시에 사는 사람들을 뉴요커, 파리지앵, 런더너 등과 같이 부르듯이 말이다.

외국인들이 서울사람을 가리켜 쓰는 말이 있다는 것이 나쁠 것은 없다. 다만 굳이 우리 스스로 '이렇게 불러 주세요' 하고 영어식 단어를 만드는 것이 꽤나 민망하게 느껴진다. 영어권의 사람들이 직접 부르는 말을 만들어 쓴다면 고맙고 자랑스러운 일이지만 말이다.

근래 '러'가 붙은 신조어들이 부쩍 쓰이고 있는데 이 '서울러'의 영향이 아닌가 싶다. 만일 그렇다면 '서울러'는 잘못 꿴 첫 단추인 셈이다.

- 여행 사진 찍는 <u>여행러</u>들 모여라.
- 봄기운이 완연해지면서 '<u>길맥러</u>'들이 부쩍 늘고 있다.
- 이곳은 <u>혼밥러</u>들을 위한 곳!

이 표현들은 광고문, 신문 기사, 개인 블로그 등에 나타난 것들이다. 여행러(여행을 즐기는 사람), 길맥러(길거리에서 맥주를 마시는 사람), 혼밥러(혼자 밥 먹는 사람) 등 '~러' 어휘들이 급격히 파생되어 가는 분위기이다.

이런 말 중 눈에 띄는 단어 하나는 "이거 나만 불편한가요?"라는 표현으로 대표되는 '프로불편러'이다. 사회 곳곳의 사안에 대하여 문제점을 제기하고 사회적 공감을 묻는 사람들을 가리키는 말이다. 사소한 불법 주차, 교통 위반에도 입을 떼는 나를 보고 아내는 '투덜이'라고 놀리지만 '프로불편러'는 보다 사회적인 용어인 셈이다.

나로서는 이런 말이 '러'가 붙는 식의 조어가 되었다는 것이 아쉽다. 우리말에도 '-꾼'이 있고 '-쟁이'도 있다. '여행꾼, 길맥꾼, 혼밥꾼'이라고 할 수도 있고 '여행쟁이, 길맥쟁이, 혼밥쟁이'라고 할 수도 있지 않을까. 이런 나를 보고 누군가 '프로불편꾼'이라고 할지도 모르지만 말이다.

'갠톡'을 보는
두 개의 시선

휴대전화로 대화를 나누는 메신저 응용 프로그램이 있다. 흔히 '카톡'이라는 이름의 프로그램이 그 대명사처럼 쓰이는데, 여러 사람이 동시에 대화하는 것을 '단톡'이라고 한다.

어느 날 아내한테서 '개톡'이라는 말을 들었다. 듣는 순간 '아, 개인별로 하는 카톡이구나'라고 바로 알 수 있었다. 그런데 며칠 후 이를 '갠톡'이라고 한다면서 용어를 수정하는 게 아닌가. 이번에도 '아, 단톡과 짝을 맞춘 말이구나' 하고 바로 알 수 있었다. '개인톡'이니까 '개인'을 줄여 '갠'이라고 하여 운율까지 '단톡'과 짝을 이룬 것이다. 말은 이렇게 관계 속에서 형성되는 일이 많다.

이 말을 인터넷에서 검색해 보니까 두 가지 기사가 눈에 띈다. 하나는 '사장님과 갠톡까지'라는 제목으로 직원과 사장이 채팅 프로그램으로 업무에 관한 논의를 하는 한 회사 이야기이고, 다른 하나는

'갠톡'과 같은 말이 어지럽히는 우리말에 대한 걱정을 담은 글이다. 우리말 사랑을 담은 후자의 글에도 공감 가는 면이 적지 않다. 특히 같은 글에서 예로 드는 '고나리질(관리질), 읽씹(읽고 씹다), 닥눈삼(닥치고 눈팅 삼 개월)'과 같은 말은 듣기에도 썩 고운 말이 아니어서 배척해야 할 말이라는 주장에는 백번 동의한다.

그러나 이런 줄임말의 홍수 속에서 이 모두를 문제시할 수는 없을 것이다. 대중의 언어적 표현 욕구의 하나이기 때문이다. '갠톡'이 장려할 정도까지의 말은 아니겠지만 상대방을 비하하거나 저속한 표현이 아닌 이상 배격할 말도 아니다.

특히 이 말은 '단톡'과 짝을 맞춘 것이듯이 사람들 간의 관계를 연상시키는 맛도 있다. 회사 사장님과 직원의 친밀한 관계를 이어주듯이 말이다. 유행처럼 새로 생겨나는 말들을 지나친 거부감보다는 애정의 눈으로 본다면 오히려 마음을 병들게 하는 말들을 골라내는 데 도움이 될 것이다.

국어사전과
친해지기

어느 날 딸애가 질문을 한다. "뭔지 모르겠는 사람"이라고 할 때, '모르겠는'이 아니라 '모르겠다는'이 맞지 않느냐는 것이다.

많이 쓰기는 하지만 어법에 '맞는지'는 필자도 자신이 없어서 국어사전을 찾아봤다. 찾아보니 맞는 말이다. 사전의 '-는' 항목에 '-겠-' 뒤에 붙는다는 정보와 함께 "모르겠는 사람이 있으면 손을 들어라"의 예문이 딱 올라 있다.

그럼 '모르겠다는'은 틀린 말인가? 절대 그럴 리 없다. 이 말은 '모르겠다고 하는'이 줄어든 말이다. "그래도 모르겠다는 사람 있으면 손들어 봐"라고 한다. 이 예도 사전을 찾아보면 '-다는' 항목에 '-겠-' 뒤에 붙는다는 정보와 함께 '-다고 하는'이 줄어든 말이라고 또렷이 풀이되어 있다.

한 작은 예에 불과하지만 이처럼 국어사전에는 국어 생활을 안내해 주는 많은 정보가 담겨 있다. 더욱이 요즘은 인터넷 사전이 발달하여 훨씬 손쉽게 사전을 이용할 수 있다. 종이사전처럼 원하는 표제어만 찾아볼 수 있는 것이 아니라 여러 가지 방법으로 사전 속의 정보를 검색할 수 있게 되어 있다. 예를 들어, '-데기'로 끝나는 말, 두 번째 음절이 'ㄹ' 받침소리인 단어들, 뜻풀이에 '노래'가 들어간 말 등 입맛대로 해당 단어들을 한꺼번에 찾아서 볼 수 있다.

사전을 만든 이들은 정성을 다해 우리말을 사전에 담았다. 그 사전을 자주 이용하는 것이야말로 그 정성에 대한 보답일 것이다.

빗방울이 듣다

██ ██ \██ ████ ██

"빗방울이 듣는 차창으로……."

언젠가 낡은 버스 차창 안으로 빗방울이 떨어지는 장면을 이렇게 묘사한 적이 있다. 그런데 원고를 보낸 후 인쇄된 글을 보니 '듣는'이 '드는'으로 고쳐져 있었다. '듣다'는 비나 눈물 따위가 방울져 떨어지는 경우를 가리키는 말이다. 필자가 어렸을 적만 해도 이는 흔히 쓰이던 말이었다.

그러던 것이 어느덧 오타로 여겨질 만큼 생소한 말이 되고 말았다. 다행히 인터넷을 검색해 보니 적긴 하지만 '빗방울이 듣는 일요일 아침 옥상 텃밭에서', '호수엔 빗방울 듣고'처럼 몇 용례가 보인다. 문학적 감성까지 어우러져 더욱 반갑게 느껴지는 표현들이다.

"그릇을 부시고"라는 말이 있다. 이 말을 적어 아이들에게 보여 주었더니 하나같이 그릇을 깨뜨렸다는 의미로 이해한다. 흔히 '부수다' 를 '부시다'라고 하는 데 이끌린 탓이다. '부시다'는 그릇 따위를 물로 씻어 깨끗이 한다는 뜻이다. 그 정갈한 느낌 때문인지 입안을 헹구는 경우에도 쓰였다.

이 '부시다' 역시 예전에는 적잖이 쓰이던 말이다. 그러던 것이 점차 세력이 약해져 이제는 '부수다'의 비표준어 '부시다'로만 이해되기에 이르고 말았다. 마치 단아한 아가씨가 우락부락한 장정이 되고만 느낌이랄까. '부시다'에는 '씻다'에는 없는 고유한 뉘앙스가 있다. 햇살이 반짝이며 튕겨져 나가는 듯 맑고 시원한 느낌은 오직 '부시다'에만 있다.

그래서 낱말 하나하나는 소중한 가치를 지닌다. 선진 국가에서는 그 나라의 국어 시간에 어휘 교육에 굉장히 힘을 쏟는다고 한다. 풍부한 어휘력은 사고력과 표현력을 높여 줄 수 있기 때문이다. 우리도 어휘 교육에 좀 더 관심을 기울일 필요가 있다. 그런다면 우리말도 더 풍요로워지고 아이들도 더욱 지혜로워지지 않을까.

'동북부'와
'북동부'

어느 날 한국어를 배우는 한 중국인 학생이 '동북부'와 '북동부'가 다른 말이냐고 물었다. 우리나라 사람들도 종종 궁금해 하는 사항인데, 국어사전을 찾아보아도 시원하게 궁금증을 해소하기 어렵다.

국어사전에 '동북부'는 있어도 '북동부'라는 말은 없다. 그리고 '동북부'는 '동북쪽에 있는 지역'으로 풀이되어 있다. 그럼 '동북쪽'은 어디일까? 사전의 '동북쪽'과 '북동쪽'의 뜻풀이는 다음과 같다.

- 동북쪽: 동쪽을 기준으로 동쪽과 북쪽 사이의 방위.
- 북동쪽: 북쪽을 기준으로 동쪽과 북쪽 사이의 방위.

두 방위는 각각 '동쪽을 기준으로' 한 것과 '북쪽을 기준으로' 한 것이니까 다른 방향을 가리키는 것처럼 보인다. 그런데 어떻게 다른

지는 감이 잘 잡히지 않는다.

방위표에 따르면 북쪽과 동쪽의 가운데 방향을 '북동쪽' 또는 '북동향'이라고 한다. 그 방향에서 부는 바람은 '북동풍'이다. 『자연지리학 사전』 등에 따르면, 이 '북, 동'처럼 두 방향을 아울러 가리킬 때 과거에는 동서 방향을 기준으로 삼았으나, 오늘날에는 남북 방향을 기준으로 삼는다고 한다. 즉 과거 기준으로는 '동북부, 동북쪽, 동북향, 동북풍'이지만, 오늘날 기준으로는 '북동부, 북동쪽, 북동향, 북동풍'이 된다. 앞서 국어사전의 '동쪽을 기준으로', '북쪽을 기준으로'는 이 기준의 차이를 뜻하는 것이다.

결국 '동북부, 북동부'는 같은 지역을 가리키는 다른 이름일 뿐이다. 다만 오래전부터 쓰이던 '동북부'는 사전에 오른 반면, 새말 '북동부'는 미처 사전에 오르지 못했을 것이다.

이 방위와 관련된 이름은 국어사전에서 좀 불규칙해 보인다. 우선 '-부'가 결합한 말은 '동북부' 외에는 나머지 '북동부, 동남부, 북서부' 등은 전혀 없다. 또 '-향'이 결합한 단어의 경우 '서남향, 남서향'은 둘 다 올라 있으면서 나머지는 '동남향, 동북향, 서북향'처럼 하나만 올라 있다. 반면에 '-쪽'이 결합한 단어는 '동남쪽, 남동쪽, 서남쪽, 남서쪽' 등 빠짐없이 올라 있기도 하다. 특별한 이유가 없다면 동, 서, 남, 북이 고르게 있을 것으로 기대된다. 이런 말들을 좀 더 체계적으로 기술하면 보다 균형 잡힌 국어사전이 되지 않을까 싶다.

치과병원 이름에
'이빨'이 없는 이유

"할아버지는 이빨이 정말 좋으세요."

요즘은 많은 사람들이 '이'를 '이빨'이라고 한다. 이제는 거의 보편화되었으니 이러니저러니 하기는 뭣하지만 개인적으로는 아직 껄끄러운 단어이다. 그렇게 좋은 어감으로 느껴지지 않는다.

'이빨'은 '이'를 낮추어 부르는 말이고, 아직까지 국어사전도 그렇게 풀이하고 있다. 흔히 '이빨 빠진 호랑이'처럼 동물에게만 쓰던 말이다. 동물에게조차 꼭 그렇게 낮추어 쓰지 않고 '이 빠진 강아지 언뜻에 덤빈다'는 속담처럼 '이'라고도 한다.

그러니 할아버지의 이를 가리켜 '치아'라고는 하지 않더라도 '이'라고는 해야 할 것 같다. '할아버지'와 '이빨'은 아무래도 잘 어울리지 않는 느낌이다. 물론 서양의 한 요정을 '이빨 요정'이라고 번역해 부르는 데서 '이빨'의 의미는 꽤 친근하게 느껴지기는 한다. 동화 책 제목만 보아도 '마녀 위니와 이빨 요정', '작은 이빨 요정', '이빨 요정 치과 의사의 모험' 등이니 어린이한테도 친근한 이미지일 것이다.

그래도 '이'가 더 고운 말이다. 치과병원 이름만 보아도 '바른이치과, 하얀이치과, 고운이치과, 소중한이치과' 등 '이'라고 하지 '이빨'이라고 하는 이름은 본 적이 없다. '이빨'의 어감을 안 좋아한다는 뜻이다. 관용어에서도 '이빨을 까다, 이빨이 세다'라고 하는 말은 속된 느낌이 있어 예의를 차리는 자리에서는 절대 어울리지 않는다. '이'라는 말이 없으면 모를까, 좋은 말을 두고 '이빨'이라고 할 까닭은 없지 않을까. '하얀 이'가 맑고 듣기 좋은 말이다.

'해보내기'의
아쉬움

연말은 한 해가 저물어 가는 아쉬움과 새해를 맞이하는 설렘이 교차하는 때이다. 그맘때는 마지막 해를 보내는 해넘이 행사와 새해 첫 일출을 맞는 해맞이 행사로 전국 곳곳이 북적인다.

해넘이 축제, 해맞이 축제처럼 '해넘이'와 '해맞이'는 함께 쓰이는 일이 많다. 그런데 이 둘의 짝은 좀 어색한 데가 있다. 해넘이는 해가 넘어가는 일이니 해가 주체이다. 반면에 해맞이는 해를 맞는 일이니 사람이 주체가 되는 말이다. 제대로 맺어 준다면 '일몰, 일출'처럼 '해넘이'의 짝은 '해돋이'가 되어야 한다.

그러면 '해맞이'의 짝은 무엇일까. 안타깝게도 그 적절한 말은 없는 듯하다. 해맞이에는 떠오르는 해를 맞는다, 새해를 맞는다는 두 가지 뜻이 있는데, 어떤 뜻으로든 그 짝이 될 말은 잘 보이지 않는다. 한자어로는 한해를 보내는 '송년送年', 새해를 맞는 '영년迎年'의 짝이 있지만, '해맞이'에 어울릴 만한 말은 없다. 그러고 보면 '달맞이'는 있어도 달을 보낸다는 뜻의 말도 없는 것 같다. 해든 달이든 보내는 아쉬움이 커서 차마 말을 만들지 못했을까.

그런데 인터넷 한 귀퉁이에 '해보내기'라는 말이 보인다. 어린이집에서 해보내기 행사를 한다는 소식, 또 해보내기 굿이 열린다는 알림 글도 보인다. 국어사전에도, 국립국어원 말뭉치 자료에도, 우리말샘에도 없는 낱말이다. 인터넷에서도 아직 그 쓰임은 매우 적은데, 해맞이의 짝으로 널리 쓰면 좋을 것 같다. 다사다난했던 한 해를 보내는 아쉬움 속에서도 '해보내기'라는 낱말 하나가 작은 기쁨을 준다.

6장

국어를 잘하는 사람은 다른 것도 잘한다

문장, 이렇게 쓰자

읽기 쉬운
문장이란

흔히 문장을 짧게 쓰라고 한다. 짧게 쓰면 읽기도 쉽고 뜻도 정확하게 전달할 수 있다. 아래는 한 기사문이다.

건물 외벽에 흰 스웨터 벽화가 그려져 있는 옛 산호다방은 2012년 대전시립미술관이 기획한 '예술을 통한 도시 재생'전의 결과물로 당시에 그려진 벽화의 대부분이 사라졌지만 흰 스웨터 벽화만 상징처럼 남으면서 명소로 떠올랐다.

한눈에 봐도 너무 많은 정보를 담고 있다. 한 문장 안에 알아야 할 정보가 많으면 쉽게 읽히지 않는다. 그래서 문장은 짧아야 하는 것이다.

그런데 이 말은 무조건 짧은 문장이 좋다는 뜻은 아니다. 독자가 읽고 쉽게 이해할 수만 있다면 문장이 길더라도 문제가 되지 않는다. 때로는 길더라도 한 문장으로 써야 할 때도 있다. 예를 들어 정신없는 한 순간을 묘사한다면 "아이는 여기저기 돌아다니고, 찌개는 끓어 넘치고, 다리미에 옷 타는 냄새가 나고, 갑자기 전화벨은 울려 대고, 그 순간 택배가 도착하고……."처럼 한 문장 안에 묶어 놓아야 여러 가지 일이 동시에 발생한 상황을 생생하게 나타낼 수 있다.

유치환의 시 '행복'에서 우체국 창문 앞에서 보는 풍경은 이렇게 묘사된다. "행길을 향한 문으로 숱한 사람들이 제각기 한 가지씩 생각에 족한 얼굴로 와선 총총히 우표를 사고 전보지를 받고 먼 고향으로 또는 그리운 사람께로 슬프고 즐겁고 다정한 사연들을 보내나니……." 길지만 읽기 어렵지 않다. 시인의 눈에 비치는 순간의 장면이 사진 한 장처럼 그대로 전달된다.

'짧게 쓰라'는 곧 '읽기 쉽게' 쓰라는 뜻이다. 읽기 쉽다면 길어도 상관없다고 할 수 있다. 결국 길든 짧든 가장 중요한 것은 읽기 쉽게 쓰는 것이다.

더 잘게
나누어 쓰기

유치환의 시 '행복'처럼 길어도 읽기 쉬운 문장이 있다. 그러나 대개는 문장이 길면 뭔가 답답한 느낌을 받게 된다. 단순히 길어서가 아니라 복잡하기 때문이다. 아래는 어느 한국어 교재의 예이다.

저희 회사에 관한 자료를 아래와 같이 첨부하여 드리오니 검토해 보시고, 연락 주시면 귀사를 방문하여 거래 조건 등에 대해 상담드리고자 하오니 방문 가능한 일시 및 장소를 말씀해 주시면 감사하겠습니다.

이 문장은 문법적으로 정교하고 매우 예의바르기까지 하다. 그런데도 '자료를 보낸다, 상담하고 싶다, 약속 시간을 알려 달라'는 내용이 한 문장에 담기다 보니 복잡하게 느껴진다. 이럴 때는 문장을 나눈다.

저희 회사에 관한 자료를 아래와 같이 첨부하여 드립니다. 검토해 보시고 연락 주시면 귀사를 방문하여 거래 조건 등에 대해 상담드리고자 하오니 방문 가능한 일시 및 장소를 말씀해 주시면 감사하겠습니다.

이렇게 둘로 나누기만 해도 훨씬 나아졌다. 그래도 복잡하게 느껴진다면 더 잘게 나눈다.

저희 회사에 관한 자료를 아래와 같이 첨부하여 드립니다. 검토해 보시고 연락 주시면 귀사를 방문하여 거래 조건 등에 대해 상담드리고자 합니다. 방문 가능한 일시 및 장소를 말씀해 주시면 감사하겠습니다.

이 예처럼 긴 문장을 나누기만 해도 훨씬 읽기에 편하다. 이제 앞 글의 옛 산호다방에 관한 기사문을 다시 가져와 보자. 문법적으로 훌륭한 문장이지만 건물의 '유래'와 '현재'가 함께 담겨 있어 읽기에 벅찬 느낌을 주었던 예이다. 그 내용은 그대로 두고 둘로 나누기만 해 보자.

건물 외벽에 흰 스웨터 벽화가 그려져 있는 옛 산호다방은 2012년 대전 시립미술관이 기획한 '예술을 통한 도시 재생'전의 결과물이다. 당시에 그려진 벽화의 대부분이 사라졌지만 흰 스웨터 벽화만 상징처럼 남으면서 명소로 떠올랐다.

'결과물로'를 '결과물이다'로 바꾸는 간단한 작업만으로 읽기 쉬운 문장이 되었다. 똑같은 내용이지만 한 문장에 담는 것과 짧은 문장으로 나누는 것은 이렇게 다르다. 그러므로 꼭 한 문장으로 길게 써야 할 상황이 아니라면 짧게 나누어 쓰는 것이 좋다.

중복 표현 피하기

  필자가 사는 동네의 오래된 느티나무 앞 빗돌에 '잎이 푸르고 잎이 무성하면' 풍년이 든다는 속설이 소개되어 있다. 이 구절의 '잎이'는 불필요하게 반복된 말이다. '잎이 푸르고 무성하면'이라고 하면 간결한 표현이다.

  이와 같이 같은 말을 반복하여 쓰는 경우가 많다. 불필요하게 반복된 성분은 군더더기처럼 느껴져 읽기에도 불편하고 문법까지 어기게 된다.

- 지금부터 저의 고향 소개를 부문별로 소개하겠습니다.
- 참가 등록은 대표자가 직접 등록하여야 합니다.

위 예들은 '소개, 소개', '등록, 등록'처럼 동일한 단어가 중복되어 어색할뿐더러 비문법적이기까지 하다. 즉 이는 '고향 소개를 소개하겠습니다', '참가 등록을 등록하여야'와 같은 것이니 문법에 맞지 않는 이상한 표현인 것이다. 이러한 중복의 오류는 조금만 생각해 보면 쉽게 피할 수 있다.

글을 쓰다가 중복된 말이 나온다면 성분들의 관계를 찬찬히 살펴보자. 그러면 쉽게 간결한 표현으로 바꿀 수 있을 것이다. 좀 다른 유형이지만 아래 예도 한번 보자.

- 선택 전문 과정이라 정말 아무 부담 없이 왔는데 이런 글쓰기 시간은 정말 부담스럽네요.

잘 쓴 문장이기는 하나 '부담'이라는 단어가 반복된 게 눈에 거슬린다. '아무 부담 없이'를 '가벼운 마음으로' 정도로 쓰면 훨씬 좋을 것이다. 꼭 필요한 경우가 아니라면 중복 표현은 어떤 식으로든 피하는 게 좋다.

간결하게
쓰기

문장을 짧게 쓰라는 말에는 불필요한 성분을 덜어 버리라는 뜻도 있다. 다음 문장은 품격이 느껴지기도 하지만 간단한 사과의 인사말 치고는 좀 번거롭다.

• 배송 지연에 대하여 죄송하다는 말씀을 드리겠습니다.

습관적으로 쓰는 불필요한 표현을 단계적으로 줄여가 보자. 우선 굳이 '드리겠습니다'라고 할 것까지 없으니 '드립니다'로 할 수 있다.

• 배송 지연에 대하여 죄송하다는 말씀을 드립니다.

이 정도로는 여전히 길다. '죄송하다는 말씀을 드립니다'는 결국

350_ 국어에 답 있다

'죄송하다'는 뜻이니 이것을 한번 고쳐 보자.

- 배송 지연에 대하여 죄송합니다.

이렇게 고치니까 짧아지기는 했는데 어색하다. '~에 대하여 죄송합니다'는 국어에 없는 표현이므로 다음과 같이 자연스러운 표현으로 고쳐야 한다.

- 배송이 지연되어 죄송합니다.

훨씬 간단하다. 하나 더 보탠다면 '지연되다'보다는 '늦어지다'가 더 쉬운 표현이다.

- 배송이 늦어져서 죄송합니다.

이렇게 해 놓고 나니 정말 간결한 문장이다. 누구나 일상적으로 흔히 쓰는 말이다. 이렇게 곧바로 올 수 있는 것을 왜 그렇게 멀리 돌아서 왔을까? '글'이란 좀 더 고상하고 격식적인 무엇이라고 생각해서이다. 그러나 그냥 말하듯이 편하게 쓰면 그것이 글이 된다. 이리저리 늘려 쓰고 꾸며 쓰는 것이 좋은 문장이라는 생각을 버려야 한다.

번거로운
'~에 대하여'

'~에 대하여'는 논란이 있기도 하지만 '건강에 대하여 알아봅시다'
처럼 나름대로 유용한 표현이다. 그러나 습관적으로 쓰다 보니 번거
로운 표현으로 이어지기도 한다.

- 스포츠용 자전거에 대하여 큰 관심을 갖고 있다.
- 도와주신 데 대하여 감사를 드립니다.
- 이 문제에 대하여 생각해 보자.

이 문장들은 굳이 '~에 대하여'를 쓸 필요가 없는 예들이다. 첫 번
째 문장은 '대하여'가 없어도 된다. 누구나 알듯이 '~에 대하여 관심
을 갖다'보다는 '~에 관심을 갖다'가 자연스러운 표현이다. 두 번째
문장은 '도와주신 데 대하여'를 '도와주셔서'로 간명하게 표현할 수

있다. 세 번째 문장은 '이 문제'가 생각하는 대상이므로 '이 문제를'처럼 목적어로 표현하는 것이 좋다. 이렇게 '~에 대하여'를 없앤 결과는 다음과 같다.

- 스포츠용 자전거에 큰 관심을 갖고 있다.
- 도와주셔서 감사합니다.
- 이 문제를 생각해 보자.

훨씬 깔끔해졌다. '~에 대하여'는 번거로운 느낌도 주지만 종종 비문법적인 문장을 만들기도 한다. 아래 문장의 오류는 '~에 대하여'를 남용하는 습관에서 비롯된 것이다.

- 우리는 이 일에 대하여 아주 중요시하고 있습니다.

이 문장은 무척 어색하게 느껴진다. '~에 대하여 중요시하다'는 자연스러운 국어 표현이 아니기 때문이다. '중요시하다'는 목적어가 필요하므로 아래와 같이 고쳐야 올바른 문장이 된다.

- 우리는 이 일을 매우 중요시하고 있습니다.

물론 이 고친 문장도 '우리는 이 일을 매우 중요하게 생각합니다' 라고 하면 더 좋은 표현이 될 것이다. 어쨌든 '~에 대하여'는 많은 경우 번거롭고 때로는 비문법적이기도 하므로 잘 가려서 써야 한다.

'~을 통하여'
가려 쓰기

'~을 통하여'도 가려서 쓰는 것이 좋다. 흔히 사용하는 표현이지만 조금은 딱딱하게 느껴진다. 이 표현이 들어간 글들을 보면 안 써도 될 때가 많다. 아래는 어느 연설문의 예이다.

- 그동안 교육인적자원부는 관계 부처 장관 협의 기구인 '인적자원개발회의'의 운영을 통해 범부처적 인적자원 정책을 수립·추진해 왔습니다.

물론 이 문장이 문법적으로 잘못된 것은 아니다. 하지만 더 쉽고 간명한 표현으로 하면 보다 더 좋은 문장이 될 것이다. 특히 밑줄 친 부분은 명사 중심의 표현이기도 해서 너무 딱딱한 느낌이 든다. 이 예는 아래와 같이 좀 더 간결하게 표현할 수 있다.

- 그동안 교육인적자원부는 관계 부처 장관 협의 기구인 '인적자원개발 회의'를 운영하여 범부처적 인적자원정책을 수립·추진해 왔습니다.

이 외에 '여러분들의 단합된 노력을 통해 잘 극복해 왔습니다'와 같은 예도 마찬가지다. '단합된 노력을 통해'라는 딱딱한 표현보다는 '단합된 노력으로'가 훨씬 간명하고 자연스럽다. 아래 문장과 비교해 보자.

- 여러분들의 단합된 노력으로 잘 극복해 왔습니다.

이상은 누구나 쉽게 고칠 수 있는 예이다. '~을 통하여'를 습관적으로 써 왔다면 더 나은 표현이 없는지 한 번만이라도 살펴보자.

'~ㄹ 수 있을 것이다'라는
표현

'~는 것이다', '~을 것이다' 등 '것이다'로 끝나는 문장이 많다. 어떤 글은 거의 매 문장마다 '것이다'로 끝나기도 한다. '~ㄹ 수 있을 것이다'는 그러한 습관의 결정판이다.

- 쇠귀에 경 읽는 격이라고 할 <u>수 있을 것이다</u>.

'~을 것이다'의 대표적인 용법은 '내일은 비가 올 것이다'처럼 추측을 나타내는 것이다. 위 문장이 그런 의미로 쓴 예이다. 그런데 이러한 추측의 의미는 이미 '~ㄹ 수 있다'로도 충분히 나타낼 수 있다. 이는 어떤 일이 생길 가능성이 있다는 의미이므로 '추측'과 통한다. 그렇다면 굳이 '~을 것이다'를 덧붙일 필요는 없다.

• 쇠귀에 경 읽는 격이라고 <u>할 수 있다.</u>

문장은 가능하면 간결하게 쓰는 게 좋다. 위 고친 문장도 꼭 추측의 뜻이 필요한 게 아니라면 '쇠귀에 경 읽는 격이다'라고 단정하듯 쓰는 것이 더 낫다.

문법에 맞게
문장 쓰기

글은 문법을 지켜 써야 한다. 외국어로서 한국어를 쓰는 사람이 아닌 다음에야 문법에 맞게 글을 써야 하는 것은 당연한 일이다. 모국어로 글을 쓰면서 "문법 좀 틀리면 어때"라고 말해서는 안 된다. 아무리 내용이 중요해도 문법적인 문장은 글쓰기의 기본이다.

아래 두 문장은 다른 글에서 언급하기도 했던 예이다. 첫 번째 문장은 유명 문필가가 쓴 것이고 두 번째 문장은 한 초등학생이 쓴 것이다.

- 그의 얘기를 듣고 인간의 위대함에 부풀었던 이상주의자는 뉘우침과 그리움으로 가득 찬 인간의 또 다른 모습을 보며 더 이상 봄날이 아름답지만은 않게 느낀다.
- 대통령이라는 꿈이 이루어지기를 기대하지는 않지만 어쩐지 한번쯤

내가 이 나라를 대표하는 대통령이 되고 싶은 생각도 있다.

글에 담긴 사고의 수준은 당연히 첫 번째 문장이 높다. 그러나 좋은 문장을 고르라고 하면 필자는 두 번째 문장을 선택한다. 이것이 문법적인 문장이기 때문이다.

첫 번째 문장의 '봄날이 아름답지만은 않게 느낀다'는 문법에 맞지 않는 표현이다. '봄날을 아름답지만은 않게 느낀다'라고 해야 문법적인 표현이 된다. 글의 내용으로 본다면 '봄날이 아름답지만은 않게 느껴진다'처럼 피동형으로 고치는 것이 더 자연스럽다. 이 외에 '부풀었던'도 '가슴이 부풀었던'처럼 주어가 들어가야 자연스러운 문장이 된다. 좋은 글은 무엇보다도 문법적인 문장에서 시작해야 한다.

주어를
꼭 확인하세요

국어는 주어가 잘 생략되는 언어이다. 그런데 놀랍게도 아직 한국어에 서툰 외국인도 그 문법을 잘 이해한다. 다음은 한국어를 배운 지 2년이 채 안 된 중국의 한 대학생이 쓴 글이다. 맞춤법 등을 고치지 않고 그대로 옮겨 보았다.

제 공향 지하철역에서 기타 공연이 항상 있어요. 대부분 공연자는 유랑자예요. 한 도시에서 시간이 별로 많지 않아요. 관객없는 시간에는 공연자 그냥 벽에 기대고 있어요. 마음대로 기타를 연주하면서 노래를 불러요. 지나가는 사람이 돈이 주면 노래를 고를 수 있어요. 공연자는 경우에 따라 즉흥적으로 노래를 부르는 데도 있어요.

이 글을 보면 아직 한국어에 서툰 점이 없지 않지만 필요한 주어를 쓰거나 생략하는 능력은 거의 완벽하다고 할 수 있다. 예를 들어 밑줄 친 문장에 주어가 없는 이유는 바로 앞 문장에 주어 '공연자'가 있어서 생략했기 때문이다.

한국어를 배운 지 2년도 안 되는 학생이 이 정도라면 한국인이 주어를 잘못 쓸 일은 거의 없다고 봐야 할 것이다. 따라서 혹 주어를 잘못 빠트린 경우가 있다면 능력이 부족해서가 아니라 부주의해서 그런 것이다. 다음은 어느 장관 연설문의 한 부분이다.

> 서양의 고전음악과 현대음악의 진수뿐만 아니라 각국의 전통음악과 종교음악 등이 소개될 이번 행사를 통해 우리 음악인들이 세계 음악계의 흐름을 한눈에 보고 우리 음악을 더욱 성숙하게 하는 <u>좋은 기회가 되었</u><u>으면</u> 합니다.

이 문장은 '좋은 기회가 되었으면'에 어울리는 주어를 찾을 수 없다. 그래서 '무엇이' 좋은 기회가 된다는 것인지 알 수 없게 되었다. 글 내용으로 볼 때 '이번 행사'가 주어로 가장 어울리는 말이다. 따라서 이 문장은 다음과 같이 고쳐야 한다.

> 서양의 고전음악과 현대음악의 진수뿐만 아니라 각국의 전통음악과 종교음악 등이 소개될 <u>이번 행사가</u> 우리 음악인들이 세계 음악계의 흐름

을 한눈에 보고 우리 음악을 더욱 성숙하게 하는 <u>좋은 기회가 되었으면</u> 합니다.

아마 글쓴이는 앞에 쓴 '이번 행사'를 막연히 주어처럼 여기고 '좋은 기회가 되었으면'이라고 썼을 것이다. 하지만 조금만 더 주의를 기울였다면 '이번 행사를 통해'는 주어로서 어울리는 표현이 아니라는 것을 쉽게 발견했을 것이다. 서술어에 어울리는 주어가 있는지 꼭 확인하면서 글을 쓰는 게 좋겠다.

실과 바늘의 관계,
주어와 서술어

'꽃이 핀다'처럼 주어가 있으면 서술어가 있어야 한다. 둘은 실과 바늘의 관계이다. 서술어를 빼먹는 경우가 있을까 싶지만 의외로 많다. 가장 전형적인 예를 보자.

- <u>별로였던 건</u> 교통비가 매우 비싸요.

이 예에서 전체 문장의 주어는 '별로였던 건'이다. 그런데 그 짝이 되는 서술어가 없다. '교통비가 매우 비싸요'를 빼고 나면 서술어가 될 말이 없는 것이다. 따라서 아래처럼 '별로였던 건'의 짝이 될 서술어로서 '~이다'를 넣어 주어야 한다.

- <u>별로였던 건</u> 교통비가 매우 <u>비싸다는 거예요.</u>

이런 잘못은 '좋았던 점은, 잊지 말아야 할 것은, 제 생각은' 등의 주어 다음에 그 구체적인 내용을 소개하는 다른 문장이 이어질 때 잘 나타난다. 아래는 모두 그런 예들이다.

- 좋았던 점은 우리나라보다 식비는 싼 거 같아요.
- 들어가서 제일 먼저 한 것은 놀이공원의 필수 아이템 머리띠를 샀다.
- 사용하고 느낀 점은 다른 제품보다 더 좋더라고요.

위 예들에서 '좋았던 점은, 들어가서 제일 먼저 한 것은, 사용하고 느낀 점은' 등은 모두 주어인데 그것과 어울리는 서술어가 없다. 역시 다음과 같이 '~이다'의 서술어가 있어야 한다. 다른 부분은 그대로 둔 채 서술어만 보충해 보았다.

- 좋았던 점은 우리나라보다 식비는 싼 거 같다는 거예요.
- 들어가서 제일 먼저 한 것은 놀이공원의 필수 아이템 머리띠를 산 것이다.
- 사용하고 느낀 점은 다른 제품보다 더 좋더라는 거예요.

서술어를 빠트리는 이유는 앞에 제시해 놓은 주어를 소홀히 했기 때문이다. 문장을 시작할 때 '좋았던 점은'이라고 했으면 문장 끝에 가서 '~이다'라는 서술어를 꼭 써 주어야 한다. 주어와 서술어는 늘 함께 있어야 한다.

목적어에
어울리는 말

목적어가 있으면 당연히 서술어 즉 동사가 있어야 한다. '책을 읽는 것이 좋다'라고 하지 '책을 독서가 좋다'라고 하지는 않는다. '독서'는 동사가 아니라 명사이기 때문이다. 그런데 의외로 이렇게 잘못 쓰는 경우를 종종 볼 수 있다.

• 반성문을 제출 후에 가세요.

위 예에서 '반성문을'은 목적어이므로 서술어가 필요한데 '제출'은 명사이다. 따라서 동사 '제출한'으로 고쳐 '반성문을 제출한 후에 가세요'라고 해야 바른 문장이 된다. 아래도 다 같은 문제를 지닌 예들이다. 그 문제점을 꼭 기억해 두자.

- 합리적인 개선 방안을 <u>수립</u> 중에 있습니다.

- 재외동포 교육 활성화 방안을 <u>마련</u> 중에 있습니다.

- 다른 업무를 <u>처리</u> 중에…….

- 통화 내용의 요점을 미리 <u>설명</u> 후…….

   이 예문들에는 모두 '개선 방안을'과 같은 목적어가 있다. 따라서 '수립, 마련, 처리, 설명' 등의 명사는 그 목적어와 어울릴 말로서 적합하지 않다. 동사로 분명하게 표현해야 한다.

- 합리적인 개선 방안을 <u>수립하는</u> 중에 있습니다.

- 재외동포 교육 활성화 방안을 <u>마련하는</u> 중에 있습니다.

- 다른 업무를 <u>처리하는</u> 중에…….

- 통화내용의 요점을 미리 <u>설명한</u> 후…….

주어와 서술어는
찰떡궁합으로

주어와 서술어가 모두 갖추어져 있어도 서로 잘 어울려야 한다. 이렇게 문장 성분끼리 자연스럽게 어울리는 것을 '호응'이라고 한다. 간단한 예를 하나 보자.

• 하루 24시간 중 가장 많이 내린 곳은 전라남도 장흥에서 547.4mm입니다.

비 내린 소식을 전하는 내용이다. 그런데 주어는 '~곳'인데 서술어는 엉뚱하게도 '547.4mm입니다'여서 어색한 주술 관계를 이루고 말았다.

이러한 예는 흔히 볼 수 있다. 한 가지 예를 더 보도록 하자.

• 북측의 이러한 태도는 상당한 진전이라고 생각됩니다.

이 문장은 '태도가 진전이다'가 되어 주술 관계가 무척 어색하다. 서술어를 '진전된 것이다'처럼 고쳐야 자연스러운 표현이 된다.

• 북측의 이러한 태도는 상당히 진전된 것이라고 생각됩니다.

모든 문장에는 주어와 서술어가 있다. 그 둘이 잘 어울리지 못한다면 절대로 좋은 문장이 될 수 없다. 항상 주어와 서술어의 짝을 잘 갖추어 써야 한다.

제 짝을 찾습니다

주어와 서술어의 관계처럼 문장을 이루는 성분들은 서로 어울리는 표현이 있다. 예를 들어 '기차를 타려면'에 이어질 말은 '서두른다'도 아니고, '서두르고 있다'도 아니며, '서둘러야 한다'이다. 즉 '~려면'에 이어질 말은 '~어야 하다'이다. 일종의 공식과도 같은 것이다.

이 점에서 다음 문장은 공식을 어긴 것이다.

- 우리 학교가 발전하고 학생의 편의가 신장되려면 학생 개개인의 의식이 성장하여 자신의 의견을 명확히 주장하고 잘못된 점을 고쳐 나가는 행동을 보여야 가능해진다.

밑줄 친 '~려면'과 어울리는 표현은 '~어야 한다'이지 '~어야 가능해진다'가 아니다. 이는 '기차를 타려면 서둘러야 가능해진다'처럼 이상한 표현이다. 가능성의 의미를 나타내고 싶어서 '가능해진다'고 한 것이지만 '~어야 한다'로 충분히 그 뜻을 나타낼 수 있다. 따라서 공식대로 '보여야 가능해진다'는 '보여야 한다'라고 고쳐야 한다.

다음 예문도 마찬가지 문제를 안고 있다.

- 내가 왜 이런 말을 <u>하느냐 하면</u> 우리 모두가 환경 문제에 무관심해서는 전혀 미래를 기대할 수 없기 때문에 강력하게 <u>주장하는 것이다.</u>

문장 앞에 제시한 '내가 왜 이런 말을 하느냐 하면'은 이유를 나타내는 표현으로서 당연히 뒤에 '~하기 때문이다'가 와야 한다. 즉 이 둘이 짝이 되는 공식이다. 그런데 위 예문은 '주장하는 것이다'가 오는 바람에 의미상 전혀 어울리지 못하는 문장이 되고 말았다. 자세히 보면 그 앞에 '때문에'라는 말이 있는데 이 '때문'에서 문장을 끝냈으면 됐을 것이다. 괜히 '강력하게 주장하는 것이다'라는 표현을 덧붙여 잘못된 문장이 되고 말았다. 이 군더더기를 버리고 '때문이다'로 끝맺도록 하자.

- 내가 왜 이런 말을 <u>하느냐 하면</u> 우리 모두가 환경 문제에 무관심해서는 전혀 미래를 기대할 수 <u>없기 때문이다.</u>

이러한 '실수'는 국어의 공식을 몰라서가 아니다. 문장을 길게 쓰다 보니 그 관계를 깜박한 것이다. 이런 실수를 막는 방법은 간단하다. 문장을 써 놓고 한번 '확인'해 보는 것이다. 자기가 쓴 문장을 '확인'하는 수고 앞에 글쓰기의 '실수'는 있을 수 없다.

접속 성분과
서술어

동생과 할머니의 안부를 묻는 인사말로 '경식이와 할머니께서도 안녕하시지요?'는 참 이상한 표현이다. '경식이도 안녕하시지요'처럼 높여 말한 셈이기 때문이다. 당연히 이 문장은 '경식이도 잘 있고, 할머니께서도 안녕하시지요?'처럼 나누어 써야 한다.

이와 같이 'A와 B'처럼 두 명사가 연결될 때는 앞뒤의 명사를 모두 잘 살펴야 한다. 그래서 둘 모두에 어울리는 서술어를 써야 한다. 그런데 이를 잘못 쓰는 경우가 의외로 많다. 다음은 한 교통기관에서 사용하던 안내방송 문구이다.

- 국민 여러분의 <u>건강과 쾌적한 여행 환경을 조성하기</u> 위하여 전 객실을 금연 구역으로 지정하여 운영하고 있습니다.

이 문장에서 '여행 환경을 조성하다'라고는 할 수 있지만 '건강을 조성하다'라고는 할 수 없다. 즉 이 문장은 비문법적이다. 이럴 때 대표적으로 두 가지 방법이 있다. 한 가지 방법은 두 목적어 모두에 어울리는 서술어를 찾아 쓰는 것이다. 여기에서는 '위하여'를 그대로 서술어로 활용하면 된다. 또 다른 방법은 동사를 따로 쓰는 것이다. 각각의 방법에 따라 아래와 같이 고쳐 쓸 수 있다.

- 국민 여러분의 건강과 쾌적한 여행 환경을 <u>위하여</u> 전 객실을 금연 구역으로 지정하여 운영하고 있습니다.

- 국민 여러분의 건강을 <u>지키고</u> 쾌적한 여행 환경을 <u>조성하기</u> 위하여 전 객실을 금연 구역으로 지정하여 운영하고 있습니다.

어떤 때는 아예 목적어를 바꾸는 것이 낫다.

- 국내외의 외교 환경은 우리에게 새로운 <u>도전과 과제를 제기하고</u> 있으며…….
- 여러분 모두의 <u>건강과 보람을 기원합니다.</u>

위의 각 문장은 '도전을 제기하다'와 '보람을 기원하다'라는 어색한 표현을 지니고 있다. 그런데 각 목적어의 두 명사가 꼭 필요한 경우가 아니라면 하나를 없애는 것도 좋은 방법이다.

- 국내외의 외교 환경은 우리에게 새로운 <u>과제를 제기하고</u> 있으며…….
- 여러분 모두의 <u>건강을 기원합니다.</u>

이렇게 하면 훨씬 간결한 표현이 된다. 만일 '도전'의 뜻을 살리고 싶다면 '우리가 도전해야 할 새로운 과제를 제기하고 있으며'처럼 쓸 수도 있다. 이와 같이 여러 가지 방법이 있으므로 목적어와 서술어가 호응하지 못하는 표현은 반드시 자연스러운 표현으로 고치도록 하자.

잘못 쓰는
'~시키다'

'사회적 문제를 야기한다' 대신 '사회적 문제를 야기시킨다'라고 해도 괜찮을까? 흔히 이렇게 쓰기도 하지만 곰곰이 생각해 보면 이상한 문장이다. '사랑한다' 대신 '사랑시킨다'라고 한 다음 문장이 얼마나 이상한지 보자.

- 철수가 영이를 사랑<u>시킨다.</u>

따라서 '사회적 문제를 야기한다'라고 해야 올바른 표현이다. 마찬가지로 '환경을 개선시키다'는 '환경을 개선하다', '쓰레기를 소각시키다'는 '쓰레기를 소각하다'로 쓰는 것이 옳다. '~하다'로 충분하다면 '~시키다'로 쓸 까닭이 없다.

물론 말 그대로 '시키는' 의미일 때는 당연히 '~시키다'라고 한다.

이를 '사동 표현'이라고 한다. 예를 들어 '아이가 입원하다'의 사동 표현은 '아이를 입원시키다'이고, '아이가 문제를 이해하다'의 사동 표현은 '아이에게 문제를 이해시키다'이다. 이러한 사동 표현이 아닌 한 '~하다'를 놔두고 '~시키다'라고 해서는 안 된다.

'~하다'로 표현하는 것이 문법적으로도 옳고 글도 깔끔해 보인다. 아래의 '~시키다' 동사들을 '형성하고, 극대화하고, 실현하여야, 손상할, 개선한'로 바꾸어 읽어 보자. 그리고 그것이 더 좋은 표현이라는 점을 느껴 보자.

- 새로운 공동체를 형성시키고…….
- 일의 효율성을 극대화시켰고…….
- 구체적으로 계획을 실현시켜야…….
- 자신의 이미지를 손상시킬 수 있기 때문에…….
- 잘못된 제도를 좋은 방향으로 개선시킨 좋은 예이다.

수식어의
중복 피하기

- 풀린 내 눈자위에 새 빛 돌게 하는 무기력한 갈증에 생명수 같은 대
숲 사이로 여무는 초승달 같은 양지바른 언덕 길 자꾸만 바라보게 하
는 행복한 날을 꿈꾸며 고통에 입맞춤하는 투전판의 놀음과 같은 무
인도에서 사람 냄새 그리워하는 눈자위를 허공에 맡긴 채로 몇 시간
씩 사색케 하는 하늘에 응어리진 구름 같은 내 속이 나와 끊임없이
줄다리기하며 부치지 않는 편지와 같은 철부지적 홍역을 뒤늦게 치
러내는 삼십구비 빠알갛게 열꽃 돋는 부끄러운 이것은 무얼까?

임영남이라는 시인의 '이것은 무얼까'라는 시이다. 단 한 문장으로
이루어진 이 시는 수식어에 수식어가 겹쳐져 있는 모양이다. 시적 효
과를 위한 장치이다.

그러나 보통의 글쓰기에서 이렇게 수식어를 겹쳐 쓰면 뜻을 파악

하기 어렵다. 그래서 특히 한 문장 안에서 '-는, -는'과 같이 동일한 어미를 반복하는 것은 피해야 한다. 외국어로서의 한국어 문법 교재에 실린 다음 예를 보자.

- 언제나 따뜻한 마음을 담아 <u>가슴 속 깊이 우러나는</u> <u>상대방이 즐거워하는</u> 사랑의 인사를 나누어야겠다.

이 문장은 '가슴 속 깊이 우러나는'과 '상대방이 즐거워하는'이 동시에 '사랑의 인사'를 수식한다. 무슨 뜻인지는 알 수 있지만 자연스럽게 술술 읽히지는 않는다. 이렇게 '-는, -는'의 중복은 너무 많은 내용을 나타내려는 욕심 때문에 생긴 것이므로 과감하게 어느 하나를 지우는 게 좋다.

- 언제나 따뜻한 마음을 담아 <u>가슴 속 깊이 우러나는</u> 사랑의 인사를 나누어야겠다.

문법적인 문장이라고 해도 쉽게 뜻을 알 수 있어야 한다. 어렵고 복잡한 표현은 피해야 한다. 특히 꾸미는 말이 옥상옥처럼 겹쳐지면 그 뜻을 쉽게 알기 어렵다.

물론 수식어가 둘 다 필요할 때도 있다. 그럴 경우에도 가능하면 무거운 수식어가 겹치지 않게 해야 한다. '작년에 산 빨간 원피스'는 괜찮지만 '작년에 산 꽃무늬가 들어간 원피스'는 거추장스럽게 느껴진다. 두 가지 정보가 다 필요하다면 '작년에 산 꽃무늬 원피스'라고 간결하게 표현해야 한다.

명사 위주의 문장은
딱딱하다

다음은 한 논술 주제를 놓고 쓴 두 고등학생의 문장이다.

- (학생 1) 합리적인 것만의 추구는 결과만을 중시하는 풍조가 확대되게 하였으며…….
- (학생 2) 이러한 시스템 내에서의 맹목적인 합리성의 추구는 점점 사회를 획일적인 공간으로 만들어 나갔다.

두 문장 모두 명사 위주의 표현이라는 공통점을 지니고 있다. 간혹 이러한 예를 수준 높은 표현으로 여기는 사람들이 있다. 본격적인 글쓰기에 입문하는 청소년일수록 기성세대의 글을 보면서 이와 같이 잘못된 생각을 갖기 쉽다.

그러나 명사 위주의 표현은 글을 딱딱하게 만들 뿐이다. 자연스럽게 말하듯이 '합리적인 것만을 추구하는 것은', '이러한 시스템 내에서 맹목적으로 합리성을 추구하는 것은'처럼 풀어서 쓰는 것이 좋다. 다음은 명사 위주 표현의 폐해가 뚜렷하게 드러난 예이다.

- 이것을 해결하기 위해 정부는 그들의 교육 등의 분야의 접근성을 더 확대하는 생산성 복지의 방향으로 정책을 이끌어 나가야 한다.

이 문장을 읽으면 도대체 무엇을 말하려고 하는지 알기 어렵다. 명사 위주의 표현을 피하여 '그들이 교육 등의 분야에 더 쉽게 접근할 수 있도록 하는'처럼 풀어 써야 한다. 잘못된 글쓰기 버릇 중 대표적인 것이므로 이 기회에 한두 예를 더 보기로 하자. 역시 고등학생들의 글이다.

- 이들의 사회로의 진출을 튼튼하게 받쳐줄 사회적인 제도의 구축이 시급하다.
- 지속적이고 책임감 있는 기업 이윤의 사회 환원이 필요하다.

이 예들도 '이들이 사회로 진출하는 것을 튼튼하게 받쳐 줄 사회적 제도를 구축하는 일이 시급하다', '기업들이 책임감을 갖고 이윤을 지속적으로 사회에 환원하는 것이 필요하다'와 같이 풀어서 쓰는 것이 좋다.

　이제 본격적으로 글쓰기를 시작할 나이인 고등학생들이 이와 같이 명사 위주의 문장 표현에서 출발하는 것은 바람직하지 않다. 이런 문장은 뛰어난 것이 아니라 독자를 불편하게 만드는 안 좋은 문장이다. 글은 그냥 말하듯이 풀어서 쓰는 것이 좋다. 미래의 문필가들이 꼭 명심해야 할 점이다.

쉼표,
이렇게 쓰면 좋다

문장이 어쩔 수 없이 두 가지 이상의 뜻으로 해석될 때가 있다. 아래 문장을 한번 보자.

- 개가 술에 취해 잠든 주인을 깨웠다.

이 문장은 주인이 술에 취했다는 뜻, 개가 술에 취했다는 뜻(실제 그럴 리는 거의 없지만) 두 가지로 읽힌다. 이렇게 둘 이상으로 해석될 수 있는 표현을 '중의성'을 지닌 표현이라고 한다.

중의성을 지닌 표현은 의도한 의미와 다르게 해석될 수 있어서 주의가 필요하다. 아예 그럴 여지가 없게 표현을 바꾸는 방법도 있지만, 마땅치 않은 경우에는 쉼표가 좋은 수단이 된다. 대개의 중의성은 구조의 차이에서 오는데, 쉼표는 그러한 차이를 잘 보여 줄 수 있기 때문이다.

- 갑돌이는, 울면서 떠나는 갑순이를 배웅했다.

위 문장에서 쉼표는 우는 사람이 '갑순이'라는 것을 분명하게 나타낸다. 쉼표가 없다면 갑돌이가 우는 것으로 오해할 여지가 있다. 마찬가지로 앞의 예문도 누가 술에 취했는지 쉼표로 잘 나타낼 수 있다.

- 개가, 술에 취해 잠든 주인을 깨웠다. (주인이 술에 취함)
- 개가 술에 취해, 잠든 주인을 깨웠다. (개가 술에 취함)

다만 이러한 쉼표가 필수적이지는 않다. 대개의 경우 문맥을 통해 그 문장의 뜻을 충분히 알 수 있기 때문이다. 주인을 살린 개의 설화 이야기에서는 앞뒤 문맥을 통해서 주인이 술에 취한 것임을 잘 알 수 있고, 그래서 쉼표는 없어도 된다. 그렇지 않은 경우 독자의 입장에 서서 세심하게 문장을 살펴보고 쉼표 하나로써 더 분명하게 뜻을 나타내면 좋을 것이다.

잘못된 접속이
문장을 망친다

'-으나, -지만' 등은 앞의 내용과 뒤의 내용이 상반될 때 쓰는 말이다. '그 사람은 못생겼으나 마음이 착하다'와 같이 쓴다. 그런데 이렇게 한 번 내용이 뒤집혔는데 다시 또 그 내용을 뒤집으면 매우 혼란스럽다.

- 그 사람은 못생겼으나 마음이 착하지만 성격이 소심하다.

이렇게 내용을 자꾸 뒤집으면 무슨 말인지 알 수 없게 되고 만다. 아무도 이런 식으로는 쓸 것 같지 않지만 문장이 좀 길어지면 의외로 이런 문제들이 나타난다. 아래는 어느 백과사전에 나왔던 예이다.

- 고혈압은 우리나라에서도 가장 흔한 병의 하나이며, 예로부터 많은

연구가 진행되고 있<u>으나</u> 아직도 정확한 원인은 알려져 있지 <u>않지만</u> 그 중에서도 식사와의 관계가 보다 명백하다는 것이 지적되고 있다.

이 예문은 '있으나, 않지만'처럼 앞 내용이 계속 뒤집혀서 무슨 말을 하려는지 잘 알기 어렵다. 너무 많은 내용을 한 문장 안에 담으려고 해서 생긴 부작용이다. 문장을 나누어서 '-으나, -지만' 등이 한 문장 안에서 반복되는 것을 피해야 한다.

고혈압은 우리나라에서도 가장 흔한 병의 하나이며, 예로부터 많은 연구가 진행되고 있으나 아직도 정확한 원인은 알려져 있지 않다. 다만 그 중에서도 식사와의 관계가 보다 명백하다는 것이 지적되고 있다.

고친 문장도 더 손봐야 하겠으나 적어도 내용을 두 번, 세 번 뒤집는 문제만 없애도 훨씬 읽기 편하다. 글을 쓸 때는 내용이 자연스럽게 이어지도록 해야 한다.

단락 쓰기는
꼬리에 꼬리를 물듯이

문장과 문장처럼 단락과 단락 사이의 내용도 자연스럽게 이어져야 한다. 독자는 이어질 글 내용을 예측하게 되는데 종종 그 예측이 어그러질 때가 있다. 아래는 어느 대학생이 쓴 글이다.

밤에 자기 전에 나는 내 자신에게 오늘 무슨 일을 했냐고 묻고는 한다. 내가 한 일은 정말 많은데 그 중에 내가 정말 좋아서 하는 일은 별로 없는 것 같다. 내가 좋아서 하기보다는 책임감을 느껴서 하는 경우가 대부분이다.

그래서 스트레스도 항상 받지만 책임감을 가지고 모든 일에 최선을 다하는 것은 좋다고 생각한다. 그래서 이런 생활 방식이 꼭 나쁜 것 같지 않다.

첫 번째 단락은 '좋아서 하는 일이 없다'면서 지금의 생활을 반성하는 내용이다. 그래서 두 번째 단락에서 '앞으로는 좋아하는 일을 하겠다'와 같은 내용이 이어질 것이 기대된다. '그래서 스트레스도 항상 받……'이라고 할 때까지만 해도 곧 기대한 내용이 이어지는 것 같다. 그런데 갑자기 '지금의 생활 방식도 좋다'는 내용으로 전환되어 맥이 빠지는 느낌을 준다.

물론 글의 내용 전개가 반드시 독자의 예측과 일치해야 하는 것은 아니다. 예측을 벗어나는 데서 글맛이 살기도 한다. 이 글도 얼마든지 '책임감으로 일하는 것이 꼭 나쁜 것이 아니다'라는 내용으로 전개될 수 있다. 중요한 것은 그것이 자연스럽게 표현되어야 한다는 것이다. 이 글의 의도를 살리면서 한번 고쳐 써 보자.

> 밤에 자기 전에 나는 내 자신에게 오늘 무슨 일을 했냐고 묻고는 한다. 내가 한 일은 정말 많은데 그 중에 내가 정말 좋아서 하는 일은 별로 없는 것 같다. 내가 좋아해서 하기보다는 책임감을 느껴서 하는 경우가 대부분이다. 그래서 스트레스도 항상 받는다.
>
> 하지만 책임감을 가지고 모든 일에 최선을 다하는 것도 나쁘지 않다고 생각한다. 살아가면서 항상 좋아하는 일만 할 수는 없다. 건강을 위해서 좋아하지 않는 음식도 먹어야 하듯이 건강한 삶을 위해서 어쩔 수 없이 해야 할 일도 있다. 책임감 때문에 하는 일도 나름대로 가치가 있는 것

이다. 그래서 이런 생활 방식이 꼭 나쁜 것 같지 않다.

중심 생각을 충분히 드러내기 위하여 두어 문장을 보충해 보았다. 이렇게 하니까 원래 글처럼 엉뚱하게 내용이 전환되는 느낌이 사라졌다. 글을 쓴 다음에는 반복해서 읽어 보면서 내용이 자연스럽게 이어지는지 꼭 확인해 보는 것이 좋다.

맺는 말

우리의 관심이
국어를 더 아름답게 만든다

필자는 이 책을 중국에 머무는 동안 썼다. 한국어 환경이 아니어서 자료의 제약 등 어려움도 적지 않았지만 인터넷의 대화 글, 개인 블로그, 언론 기사 등의 다양한 국어 사용 예는 큰 도움이 되었다.

특별히 필자가 재직하고 있는 창원대학교 국어국문학과의 학생들, 그리고 연구년 동안 머문 중국 산동대학교 한국학원의 학생들과의 만남도 많은 도움이 되었다. 그들과 수업을 하면서 주고받은 이야기와 느낀 점은 글의 자료가 되었고, 국어에 대한 그들의 열정은 보이지 않는 격려가 되었다.

언어는 대중의 것이다. 우리말을 어떻게 쓸 것인가 하는 문제에 있어서 대중의 생각과 참여는 중요하다. 더 많은 이들이 관심을 쏟을수록 국어는 더 바람직한 방향으로 나아갈 수 있다. 이 책이 그 길에 작은 디딤돌이 된다면 큰 기쁨이 될 것이다.

공부도 인생도

국어에 답 있다

공부도 인생도
국어에 답 있다

초판 1쇄 발행 2018년 6월 20일

지은이 허철구

펴낸이 손은주 **편집주간** 이선화 **마케팅** 권순민
경영자문 권미숙 **표지디자인** 김희연 **본문디자인** 김경진

주소 서울시 마포구 망원동 417-14 2F
문의전화 070-8835-1021(편집) **주문전화** 02-394-1027(마케팅)
팩스 02-394-1023
이메일 bookaltus@hanmail.net

발행처 (주) 도서출판 알투스
출판신고 2011년 10월 19일 제25100-2011-300호

ⓒ허철구, 2018
ISBN 979-11-86116-23-4   03710

이 도서의 국립중앙도서관 출판시 도서목록(CIP)은 서지정보유통지원시스템(http://seoji.nl.go.kr)과
국가자료공동목록시스템(http://www.nl.go.kr/kolisnet)에서 이용하실 수 있습니다.
(CIP제어번호: CIP2018014441)

※ 책값은 뒤표지에 있습니다.
※ 잘못된 책은 구입하신 곳에서 바꾸어드립니다.